數位人文中的漢字與書法：
羅凡晸教學應用論文集

羅凡晸著

萬卷樓圖書股份有限公司

目次

第一章　導言

　　漢字與書法，是筆者長期關注的兩大主題。

　　漢字的世界，從以紙本為主的載體到以電腦（資訊設備）為主的載體，發展時間不過短短的五十年左右，但卻大大地影響人們使用漢字的方式。以資料庫的建置角度來說，中央研究院所建置的「漢籍電子文獻」[1]可謂其中翹楚，整個資料庫的發展歷程，開啟並帶領漢字走向數位人文的世界。如以漢字作為主題的資料庫建置，教育部「異體字字典」[2]則執牛耳，無論是資料的完備性與便利性，都是令人難以望其項背！至於「小學堂」[3]則讓漢字古今字形，能夠輕而易舉地在電腦世界大放異彩，讓漢字在數位人文中有了更多的可能性。

　　當書法走入數位人文的世界中，與漢字有著類似的發展，兩者最大的差異在於書法具備了藝術特質，此項特質的存在，給予數位人文更多養分，在冷冰冰的數位世界中，多了一份人文化成的美感經驗，它擁有具象的線條形式，也擁有抽象思維的意涵傳達。早期的書法數位歷程，主要與繪畫、雕塑等類似，都被視為藝術品的方式處理。隨著各式各樣的數位應用出現，書法的數位人文展現也就有了更多的可能性。從書法學習的角度來看，早期書寫者除了練好個別碑帖之外，如要從事作品書寫與創作，或者需要查閱書法字典，以學習或創發更多的單字結構，藉此進行整幅作品的布局安排。當數位進入書法學習，學習者也就需要電子化的書法字典，或者電子

---

[1] 中央研究院，「漢籍電子文獻」，網址：https://hanji.sinica.edu.tw/。瀏覽日期：2020 年 12 月 26 日。

[2] 教育部，「異體字字典」，網址：https://dict.variants.moe.edu.tw/variants/rbt/home.do。瀏覽日期：2020 年 12 月 26 日。

[3] 中央研究院，「小學堂」，網址：https://xiaoxue.iis.sinica.edu.tw/。瀏覽日期：2020 年 12 月 26 日。

書法資料庫。諸如：「二南堂法帖」[4]將傳世重要的書法作品以高解析度的電子圖檔提供使用者進行數位化加值應用，「歷代書法碑帖集成」[5]、「書法教學資料庫」[6]等書法資料庫，內容更為豐富精彩。至於「漢典書法」[7]、「書法大師」[8]等則透過網際網路的發達資訊，大量收集各體書法進行單字庫的建置，讓使用者可以直接藉由檢索單字，查找想要的書體與構形。

數位時代的發展一日千里，從教學角度來看，諸如數位科技融入教學、科際整合、跨域整合等，隨著時間遞嬗，如何運用數位化的工具、技巧去開創更多可能性，已成為教學者必須面對的重要課題。

筆者進入大專校院任教之後，在教學當中主要面對的是漢字與書法兩大領域，同時這也是筆者興趣之所在，更幸運的是在求學過程裡對於數位科技有著較多的接觸與學習，於是乎在科際整合、跨域整合等觀念的啟發下，嘗試從數位人文的角度面對數位時代中的漢字與書法。從二〇〇四年迄今，幾年下來累積了幾篇文章，剛好也呈現出數位人文發展過程中的個人體會與經驗。以二〇二〇年的今日來看，或許有些概念與應用不是最新技術，但卻也反映了十五年間人文學者嘗試因應並解決當時的困擾心得。

本書在漢字部分，將從電腦與網路中的漢字應用加以統整，概分成「古文字的網站建構及應用：以楚簡為例」、「今文字的漢字

---

[4] 二南堂工作室，「二南堂法帖」，網址：https://www.bisouth.com.tw/a-1.html。瀏覽日期：2020 年 12 月 26 日。

[5] 聯合百科電子出版有限公司，「歷代書法碑帖集成」，網址：https://www.udpweb.com/products/asia/chinesecalligraphy/。瀏覽日期：2020 年 12 月 26 日。

[6] 陳忠建，「書法教學資料庫」，網址：http://163.20.160.14/。瀏覽日期：2020 年 12 月 26 日。

[7] 漢典，「漢典書法」，網址：http://sf.zdic.net/。瀏覽日期：2020 年 12 月 26 日。

[8] 國學大師，「書法大師」，網址：http://www.sfds.cn/。瀏覽日期：2020 年 12 月 26 日。

分析」二項進行研究分析與舉例。書法部分，則從數位科技下的書
法教學加以統整，概分成「書法資料庫建構的教學意義」、「科技
輔具應用於書法教學」二項進行相關論述與說明。

第二章　電腦與網路中的漢字應用

　　漢字走入電腦世界，有著它的美麗與哀愁。第一個面對的問題是編碼問題。從早期的 Big-5 碼，到現在的 Unicode CJK 編碼，大致上來看，傳統文獻中以楷體為主的字形多數已被納入其中；可惜的是，百年來的出土文獻字形，從甲骨文、金文、春秋戰國文字、秦文字等新出的漢字構形，即使編碼系統已擴展至 Ext-A、Ext-B、Ext-C、Ext-D、Ext-E、Ext-F、Ext-G，依舊尚未徹底解決這個問題。

　　雖然目前的電腦科技尚未徹底支援並解決這個問題，但還是有方法可以暫時因應及面對它。對於古文字領域，以楚簡為例，從〈「楚簡帛字典（清華篇）」網站的設計與建置──從嚴式隸定的角度切入〉[9]、〈試論楚簡中「童」字及從「童」之字〉[10]二篇文章舉隅說明；對於今文字領域，則從〈林尹先生《景伊詩鈔》的用字現象：從「温」字的楷體規範過程談起〉這篇文章舉隅說明。

第一節　古文字的網站建構及應用：以楚簡為例

　　近幾十年來的出土文獻資料，以戰國文字材料為大宗，其中楚簡出土文獻更是相繼問世，從早期的楚繒書、信陽楚簡，到包山楚簡、郭店楚簡、上博簡、清華簡、安大簡……令人目不暇給。筆者

---

[9] 羅凡晸，〈「楚簡帛字典（清華篇）」網站的設計與建置─從嚴式隸定的角度切入〉，「第 2 屆古文字學青年論壇」，地點：中央研究院史語所文物陳列館 B1 演講廳，時間：2016 年 1 月 28-29 日。

[10] 羅凡晸，〈試論楚簡中「童」字及從「童」之字〉，《第十屆通俗文學與雅正文學─「語言與文字」國際學術研討會論文集》，地點：國立中興大學中國文學系，舉辦單位：國立中興大學中國文學系主辦，日本東京大學人文社會系研究科協辦，時間：2014 年 10 月 24-25 日。

為此曾作詩一首：[11]

> 繒書亂世曉天下，熠熠包山啟楚風。
> 新蔡信陽遣策俱，清華上博古文工。
> 安藏詩典關雎現，郭店道儒子學通。
> 請問其中何樂事，千年墨色遊吾瞳。

「繒書」即楚帛書（1930 年代出土，現藏於美國紐約大都會博物館）；「包山」指包山楚簡（1987 年出土，1991 年正式公布）；「新蔡」、「信陽」分別指新蔡葛陵楚簡（1994 年出土，2003 年正式公布）、信陽楚簡（1956 年出土，1986 年正式公布）；「清華」、「上博」分別指清華大學所藏戰國竹簡（2008 年由北京清華大學收藏，2011 年以後陸續公布中）、上海博物館藏戰國竹簡（1994 年起由上海博物館陸續收藏，2001 年以後陸續公布中）；「安藏」指安徽大學所藏戰國竹簡，2015 年由安徽大學收藏，2019 年9 月公布第一批資料，為戰國時期的《詩經》內容，涵蓋了傳世《詩經》國風中的 57 篇；「郭店」指郭店楚簡（1993 年出土，1998 年正式公布），簡文內容包含儒、道思想，部分內容可與傳世文獻相互印證。以上楚簡材料雖然不是全部，但已包含多數重要的內容，對於相關領域的研究者來說，重要性自不待言。

以下筆者先針對清華簡這批古文字材料進行楚簡帛字典的設計與建置；其次再應用古文字相關資料庫進行楚簡中「童」字與從「童」之字的分析，期望進一步深化數位人文中的漢字研究面向。

---

11 此詩作乃筆者舉辦「墨緣起性：羅凡晸詩書創作展」（展出日期：2021 年 1 月6 日至 20 日，展出地點：國立臺灣藝術教育館）之詩書創作，書法作品分別以楚簡、行書二體書寫。詳見羅凡晸：《墨緣起性：羅凡晸詩書創作展》（臺北：萬卷樓圖書有限公司，2020 年 12 月），頁 48-49。

壹、「楚簡帛字典（清華篇）」網站的設計與建置──從嚴式隸定的角度切入

隨著出土文獻材料大量的相繼問世，古文字研究也開創了新的局面。除了材料本身具有高度研究價值之外，資訊科技與日俱進也讓研究人員有了新的研究取向；如何進行跨領域的結合，讓研究成果能有不同於以往的突破進程，「工欲善其事，必先利其器」正是最佳的註腳。筆者近年沉浸於這個領域當中，深覺資訊科技變動之快，著實不易望其項背，但願意進行嘗試，總是能有些許的研究心得與大家分享。本文植基於此，以「清華大學所藏戰國竹簡」作為分析材料，以嚴式隸定的概念作為楷寫的基本方針，配合 ADDIE 的需求分析，期望順利建置出「有效」的古文字單字查詢網站。

清華簡古文字字形　嚴式隸定的楷寫　ADDIE分析　古文字單字查詢網站

根據上圖的示意說明，有些概念必須要先行定義釐清：第一，清華簡上的文字形體，多數學者贊同它具有戰國時楚地的文字書寫風格，部分字形結構運用了戰國他系文字的寫法，如：《清華三‧良臣》裡將「百」寫成「全」，共出現二次，分別為「全清華‧良臣‧簡 08-22」、「全清華‧良臣‧簡 10-26」，為三晉文字常見

的字形結構，但這類現象為數不多。第二，一般對於嚴式隸定的理解，主要強調的是盡量將古文字的構成偏旁或形體，以楷書的筆法與結構加以描摹訂定，如：「■清華·厚父·簡 07-16」，外形尚且找不到與今日相對的楷書寫法，因此原考釋隸定為「愁」，將左上方的「■」隸定為「父」，將右上方的「■」隸定為「斤」，將下方的「■」隸定為「心」，並依其相對位置將三個楷書構形組合成「愁」。第三，ADDIE，分別指的是分析（Analysis）、設計（Design）、發展（Develop）、執行（Implement）、評估（Evaluate），目前廣泛運用於數位教學設計的開發過程，本網站也借用此模型的開發方式，期望能做出以簡馭繁的古文字單字查詢系統。

一、「楚簡帛字典（清華篇）」網站的設計

ADDIE，雖然多用在數位教學設計的開發過程，然而是否適用於古文字網站這類較具研究或學術傾向的開發，有其適用性與否的問題。本計畫擬嘗試在建構「楚簡帛字典（清華篇）」的過程中，引入 ADDIE 模組，並進行概念轉化，期望達成建構目標——以嚴式隸定方式切入。

（一）分析（Analysis）

本計畫主要的對象為《清華一》至《清華五》的戰國竹簡圖版，從文字樣貌來看，這批材料一般視為具有楚地風格的戰國楚文字。就圖版的處理來說，本計畫在掃瞄圖版時，解析度設定為 600DPI，同時為了維持竹簡上面文字書跡的完整性，除非必要，不會進一步以影像軟體改動圖版的樣貌（字形比例、色彩明暗、對比度等）。

在圖版的剪裁上，主要以一個字形作為唯一（Unique），目前以圖版編號作為唯一識別碼，同時在這個唯一的條件上，進行屬性分析，包含：流水號、隸定、竹書篇名及簡序、字序等，以利查找到正確的資料。

（二）設計（Design）

本計畫擬以網頁資料庫的形式呈現在網際網路（www）上，因此必須具備網頁設計能力、資料庫設計能力、網站建置能力等。在製作網頁的過程中，以 Dreamweaver 作為設計輔助工具，輔以 CSS3、DIV 等技術應用；為求網站具備查詢功能，因此選定 PHP 動態網頁程式語言，配合 MySQL 資料庫的欄位設計，以符合使用者需求。最後將做好的網站上傳至虛擬主機代管業者，並申購一組網址以利使用者藉由 www 連線至網頁資料庫。在查詢欄位部分，為求嚴式隸定的規範與使用，使用者輸入值必須與欄位值完全匹配才能正確帶出結果。

（三）發展（Develop）

選定好相關的網站製作工具及平台，接著就要將圖版資料進行發展行為。首先，利用影像處理軟體（如：Photoshop）將清華簡一字一字的裁剪下來，並且給予單字圖版唯一的編號命名，以「🀄清華‧良臣‧簡08-22」而言，使用者看到的是前端的呈顯結果，這個編號意味著：「🀄」是《清華‧良臣》第 8 簡第 22 個字，而「🀄」在後端資料表中的唯一編號是「16-08-22.gif」，不會與其他圖版重覆。至於編號的命名方式是「簡文篇序-簡序-字序」，筆者將《清

華一》至《清華五》視為一整體，因此《清華一・尹至》的簡文篇序是「01」、《清華一・尹誥》的簡文篇序是「02」，其餘以此類推，由於到目前為止《清華一》至《清華五》共有 28 篇簡文，因此目前最後一篇《清華五・殷高宗問於三壽》的簡文篇序是「28」。其次，為了方便資料建置，筆者利用 Excel 進行欄位資料的輸入，在資料庫的世界中，Excel 格式可以應付不同的作業系統，因此最後要匯入 MySQL 時比較不會發生意外。

　　除了圖版資料的發展行為需要注意之外，與其相應的欄位資料發展行為（即後設屬性的確立）也是一項重點。因應使用者需求，本網站需要建立二個主要的資料表：一是單字屬性資料表，一是文例內容資料表。單字資料表欄位如下所示：

欄位	型態	校對	屬性	Null	預設值	附加	執行
id	int(10)		UNSIGNED	否		auto_increment	
shiwen_01	varchar(255)	utf8_unicode_ci		否			
source_01	varchar(255)	utf8_unicode_ci		否			
shiwen_02	varchar(255)	utf8_unicode_ci		否			
source_02	varchar(255)	utf8_unicode_ci		否			
shiwen_other	text	utf8_unicode_ci		否			
jishi	text	utf8_unicode_ci		否			
wordroot	varchar(255)	utf8_unicode_ci		否			
wordnumber	int(10)		UNSIGNED	否			
shuowen_complete	varchar(255)	utf8_unicode_ci		否			
shuowen_simple	int(10)		UNSIGNED	否			
radical	varchar(255)	utf8_unicode_ci		否			
imagename	varchar(255)	utf8_unicode_ci		否			
thumbname	varchar(255)	utf8_unicode_ci		否			
data_number	varchar(255)	utf8_unicode_ci		否			
title	varchar(255)	utf8_unicode_ci		否			
hits	int(10)		UNSIGNED	否			
cat_group	int	utf8_unicode_ci		否			
cat_name	varchar(255)	utf8_unicode_ci		否			
comment_count	int(11)			否	0		
response_error	enum('Y', 'N')	utf8_unicode_ci		否	N		

文例內容資料表欄位如下所示：

欄位	型態	校對	屬性	Null	預設值	附加	執行
sn	int(10)		UNSIGNED	否		auto_increment	
catid	int(10)		UNSIGNED	否			
title	varchar(255)	utf8_unicode_ci		否			
context	text	utf8_unicode_ci		否			

　　本資料庫以關聯式資料庫的設計方式為主，以上二個資料表彼

此以「title」這個欄位進行聯繫，以符合使用者的查詢需求。

（四）執行（Implement）

當設計完資料表與資料庫之後，接著就要將以上的概念實際執行成可見內容與成果。配合網頁設計與資料庫建置，並將網站上傳至網際網路。步驟講得簡單，然而在執行的過程當中則可能遇到一些問題。首先，在網頁設計部分，隨著電腦程式語法與輔助工具不斷改進，網頁設計也必須具備與時俱進的能力，這段技術養成期間不算太短，例如：網頁語法 html4 到 html5，有一定的差異與適用性的問題。其次，資料庫的內容處理，必須具備古文字素養，否則在處理資料時會遇到各種狀況，造成資料可用性不高，例如：圖版在截切的過程中不見得字字分明，字與字之間如何切割，有時必須要有足夠的判斷能力。最後，要有相關設備或經費，才能讓網站有機會可長可久，否則曇花一現，持續性不高，它的相對意義也就降低了許多。以上種種，都是在執行時需要處理與解決的問題，以筆者到目前為止的個人經驗，以為最重要的部分在於最後一點，網站必須要有足夠的實用性，也必須要可長可久，最後才有它發光發熱的一刻。

（五）評估（Evaluate）

評估事項在 ADDIE 設計流程中扮演著把關者的角色，包含事前的設計評估、建置過程中的期中評估，以及正式開站後的回饋評估。目前本網站尚未正式開站，因此著重前二項的評估工作，藉由此種評估觀點，某種程度上能夠達到事半功倍之效。以本網站而言，

當初在設計之初，便以簡化、方便使用為主，因此將大量多餘的網頁畫面與功能予以簡省，只留下主要的頁面瀏覽及單字查詢功能。筆者之所以會有這樣子的建構理念，主要是基於評估個人過往建構其他相關網站而得的使用心得。由於網際網路的快速變化，各類網站風起雲湧，成果豐碩，在古文字的網站建置裡也是如此，例如：中研院的「小學堂」[12]，整合了傳統文字、聲韻、訓詁概念，並以實用為主的開放性網站，提供社會大眾使用，讓古文字的字形（甲骨文、金文、戰國楚簡文字、秦簡牘文字等）能被輕易引用，不再置諸高閣，這是一個實用型的入口網站。而筆者限於個人能力有限，故針對「清華簡」進行較為專業型的小型入口網站，以方便未來的持續維護，基於以上的各項評估，於焉成為本網站最後的展現成果。

二、「楚簡帛字典（清華篇）」網站的建置

基於以上以 ADDIE 的方式進行網站設計的概念說明，具體實踐上，可分為前端（client）與後端（server）二個部分：

（一）前端

前端部分為使用者看得到的頁面，就網站架構而言，如下所示：

---

[12] 中研院，「小學堂」，網址：http://xiaoxue.iis.sinica.edu.tw/。瀏覽日期：2015 年 11 月 30 日。

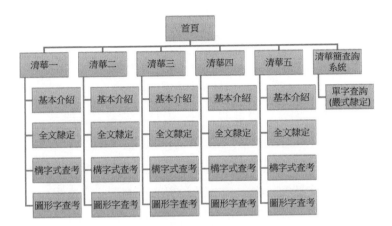

　　就首頁的設計來說，網站畫面為求容易瀏覽，故簡單分成標題列、選單列以及主頁面（有十六張小圖）。標題列明顯表示本網站建置方式以楚簡帛字典為主，主要的內容對象為清華簡，故定名為「楚簡帛字典（清華篇）」。首頁畫面如下所示：

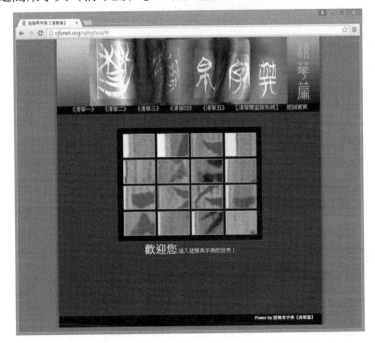

中間部分為十六張單字圖版，利用 javascript 語法的套用，呈顯部分清華簡文字形體，當滑鼠移至圖形上方即可放大；加入這項功能，多了一些網站的設計元素，也讓使用者在瀏覽網站的過程中多一些變化。

選單部分，共有六個選項：由「清華一」至「清華五」，以及「清華簡查詢系統」。其中「清華一」至「清華五」部分，當滑鼠移至文字上方，會出現下拉式選單；下拉式選單的選項共有四項：基本介紹、全文隸定、構字式查考、圖形字查考。選單畫面如下所示：

至於「清華簡查詢系統」則以嚴式隸定的角度處裡，功能單純化，只提供楷體的單字輸入，當輸入所欲查詢的楷體字形，並勾選下方的竹書篇名（可選擇全部竹書或部分竹書），確定之後按下「執行檢索」即可。例如：以輸入「全」為例，部分畫面如下所示：

請輸入查詢單字 ●	全	執行檢索	清除資料

選擇全部 - 清除全部

☑ 清華簡

☑ 尹至	☑ 尹誥	☑ 程寤	☑ 保訓
☑ 耆夜	☑ 金縢	☑ 皇門	☑ 祭公
☑ 楚居	☑ 繫年	☑ 說命上	☑ 說命中
☑ 說命下	☑ 周公之琴舞	☑ 芮良夫毖	☑ 良臣
☑ 祝辭	☑ 赤鵠之集湯之屋	☑ 筮法	☑ 別卦
☑ 算表	☑ 厚父	☑ 封許之命	☑ 命訓
☑ 湯處於湯丘	☑ 湯在啻門	☑ 殷高宗問於三壽	

在查詢欄位部分，為求嚴式隸定的規範與使用，使用者輸入值必須
與欄位值完全匹配才能正確帶出結果。當按下「執行檢索」後，結
果如下所示：

查詢【全】結果如下：

　　全部共有 2 筆資料　【顯示圖版】【顯示圖版及相關文例】

　　清華簡 共出現 2 次　【顯示圖版】【顯示圖版及相關文例】

如進一步按下「顯示圖版及相關文例」，結果如下所示：

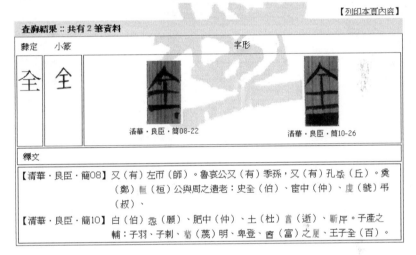

如果想要進一步了解更多的訊息，按下所欲查詢的小圖版，即可看
到更多的內容，例如：按下「清華・良臣・簡 08-22」上方的小圖，
結果如下所示：

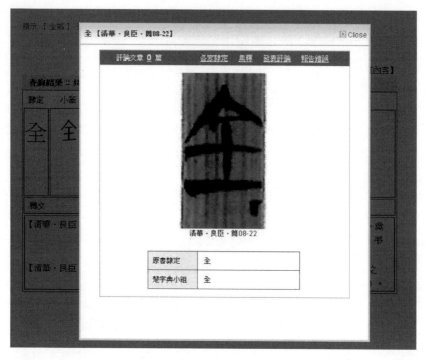

根據上圖可以看到，網站提供大圖觀看，以及「各家隸定」、「集釋」、「發表評論」、「報告錯誤」等相關訊息（限於人力，目前本網站只提供「原書隸定」及「楚字典小組」的資料參考，「各家隸定」、「集釋」二部分有待於將來更多的資料輸入與建構）。

以上所針對的是以嚴式隸定所進行的單字查詢功能介紹。至於本網站還有另外二個網頁畫面，目前是為了補足嚴式隸定所產生的查詢缺漏問題，其一是「構字式查考」，其二是「圖形字查考」。

「構字式查考」乃利用中研院的漢字構字式表達方式所做出來的連結網頁，以「《清華五》」為例，其畫面如下：

由上圖可見，楚簡當中有些缺字在中研院的努力建構之下，已在其缺字系統補入相對的構字式，因此網頁當中只要使用相關語法便能順利呈現構字式的字形[13]，本網站也就能利用構字式進行資料庫的查詢。如將中間欄位的「𪚔」形以滑鼠選取，然後按「Ctrl+C」進行複製，此時所複製的是這個圖形背後的「構字式」，接著再到「清華簡查詢系統」頁面，在查詢欄位裡按「Ctrl+V」貼上所複製的構

---

[13] 詳細使用說明請參見「缺字系統」，網址：http://char.iis.sinica.edu.tw/。瀏覽日期：2015 年 11 月 30 日。

字式代碼，以 firefox 瀏覽器為例[14]，可以看到其查詢欄裡的代碼有部分亂碼，如下所示：

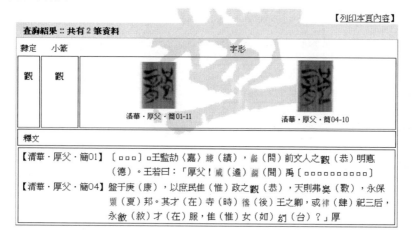

這種狀況的出現並不會影響查詢結果。當按下「執行檢索」後，結果如下所示：

可以順利地找到在《清華一》至《清華五》裡，共出現二次嚴式隸定成「覲」形的楚簡文字及相關簡文內容。

至於「圖形字查考」，如以「《清華五》」為例，畫面如下所示：

---

[14] 不同瀏覽器所見狀況並不相同，但只要按下「執行檢索」，均可找到正確資料。

根據上面的網頁內容，可以看到在《清華五・厚父》這篇竹書內容，
共有 30 個圖形字，有些圖形重複，但其所代表的楚簡字形是不同
支簡上的字形，例如：以「顕」形來看，共出現四次，表示著〈厚
父〉裡共出現四次的「顕」形。至於這個網頁所列的「圖形字」，
在目前中研院「缺字系統」網頁裡還查不到。換句話說，本網站所
做的「圖形字查考」網頁內容，或可暫補「缺字系統」之不足，可
提供「缺字系統」進行「構字式」的設計與納入；另外，從圖形字
的角度來看，同時也代表著這些「圖形字」其實是較有爭議的字形，
所以學界對這些字形還存有不同的意見。

（二）後端

　　本網站的後端，主要包含虛擬主機裡的網頁程式檔與網頁資料庫，網頁程式檔的檔案資料夾如下所示：

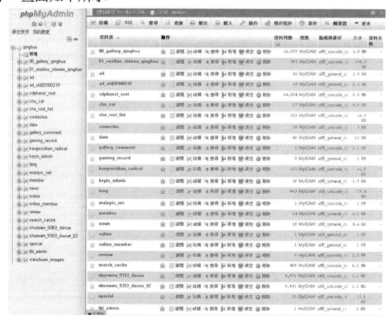

首頁的主要設計以 iFrame 為主，如此可以將相關頁面內嵌於首頁 index.html 當中，使用者也不會看到太複雜的網址內容，至於「chu」這個資料夾則放入了《清華一》至《清華五》的圖版及缺字貼圖。而 config 檔則設定了 mysql 資料庫的相關連線資訊。又，虛擬主機的 mysql 資料庫可利用 phpmyadmin 這個管理介面軟體加以操作，畫面如下所示：

根據上圖，可以看到一個網頁資料庫的建構，除了清華簡本身的二個主要資料表之外（00_gallery_quinhua 及 01_oneline_shiwen_qinghua），還需要其他資料表的輔助，才能順利完成所有網頁的操作及查詢工作。

三、結語：從嚴式隸定的角度切入之意義

本網站的查詢方式以嚴式隸定做為出發點，使用者只要單純地輸入某個楷體，便能進行資料查索；有資料便輸出，沒有資料便找不到。此外，為了因應戰國楚文字形構改寫為嚴式隸定楷體時，許多形構不見於現有的電腦編碼中（即便是 EXT-A、EXT-B、EXT-C 等也還沒加入），這種在古文字學界困擾已久的電腦缺字問題，目前還沒有徹底解決之道。因此本網站藉由中研院的構字式及圖形字二者的網頁畫面呈現，可讓使用者順利找到未得見於現有編碼的怪異楷體所對應的戰國楚文字構形寫法，暫時性的解決了這個困擾。

其中「構字式查考」與「圖形字查考」二者，對於研究者而言，可以提供不同程度的訊息。以「構字式查考」來說，當本網站表列的楚文字無法順利以今日通行的楷書加以嚴式隸定時，最常用的便是透過偏旁分析先確認其相應的楷體加以隸定，而中研院則進一步藉由「△」、「△」、「△」、「⊡」、「8」、「∞」等符號作為偏旁（或部件）的結構組成表達，並以網頁缺字技術呈現相應的楷書，除了讓使用者可以輕易使用這些構字式，也代表著這些構字式可另見於其他出土材料，且這個字形已被學者研究過或處理過，有可能是甲骨文曾出現過這個構字式的相應古文字形，也有可能是金文、戰國文字，以上這些訊息可由此網頁加以窺得。以「圖形字查考」來說，當本網站表列於此者，表示今日通行楷書、構字式二者都還沒有看到或處理過，也表示著此處的楷書圖形字所相應

的楚文字形體，多為疑難字或新出字，以致於中研院的缺字系統尚未加以收錄，或尚且無法處理者，而學者們對於這類字有著更多的想像與研究動機，表列於此可供有興趣之人進一步深入探究。

　　目前網際網路上的古文字相關查詢系統，多以寬式隸定的方式處理，以便讓使用者能夠查得更多的可能性資料，而本網站有別於此，以《清華一》至《清華五》作為材料處理對象，藉由嚴式隸定以及構字式、圖形字的輔助，額外提供更多訊息與材料，如果從這個角度出發，這樣的網站建置方式應有正面的價值與意義，或許也存在著其他不同面向的思考與契機。敬請方家不吝指正。

貳、試論楚簡中「童」字及從「童」之字

　　楚簡中「童」字或從「童」之字不在少數，但截至目前為止，學者對於「童」字的通讀仍存有歧異，如：《上博一・孔子詩論》[15]中有「童而皆賢于其初」一句，劉信芳整理諸說，發現「童」字有讀為「動」、「重（作重複解）」、「誦」、「重（作善解）」等；[16]又如：《上博六・平王問鄭壽》有「禍敗 童於楚邦」，林文華整理諸說，發現「童」字有讀為「童」、「重」、「踵」、「動」等。[17]根據以上二例說明，可大致窺見「童」字在楚簡文當中的釋讀及通假狀況乃未定形。據此，筆者以為「童」字在楚簡中的用法仍有待進一步的爬梳與釐清。

---

[15] 參見馬承源主編：《上海博物館藏戰國楚竹書（一）》（上海：上海古籍出版社，2001 年）。目前《上海博物館藏戰國楚竹書》已出至第九冊，出版項詳見文末「徵引文獻」處。又，為求行文之便，以下以《上博一》至《上博九》稱之，不再另行加注。

[16] 參見劉信芳：《上海博物館藏戰國楚簡孔子詩論述學》（合肥：安徽大學出版社，2003 年），頁 22。

[17] 參見林文華：〈上博楚簡考釋五則〉，《屏東教育大學學報（人文社會類）》（第三十六期，2011 年），頁 19。

　　為求對「童」字的用法有所了解，對「童」字的構形本義也應有更多的認識，本文將從甲骨文、金文所見「童」形切入分析，並藉由許慎《說文解字》之見，開展「童」字的演變歷程分析。

一、甲骨、金文中「童」的構形現象

　　《說文‧亣部》云：「𡔔，男有辠曰奴，奴曰童，女曰妾。从亣、重省聲。𡔔，籀文童，中與竊中同，从廿——廿、以爲古文疾字。」（卷三上）就小篆構形來看，許慎以為「童」乃「从亣、重省聲」，學者季旭昇師、李宗焜先生等以為甲骨文「童」字从「辛」而非從「亣」。至於許慎所言的「重省聲」，學者以為「童」在甲骨文中有加「東」聲者，如李宗焜先生；在金文中亦有加「東」聲之「童」字，如季旭昇師；換句話說，在甲、金文時代，「童」字本有從「東」聲之形，那麼，許慎為何要將「童」解釋為「重省聲」呢？此外，「童」字的籀文寫作「𡔔」形，中間形體，許慎以為是「廿」形，並進一步以為「廿」是古文疾字，此說是否可信？以上三處形體問題，說明如下。

（一）童从「亣」還是从「辛」？

　　《說文》以為童字从「亣」，應是根據「𡔔」形所進行的字體拆分；《說文》在「亣」字下提到：「亣，辠也。从干二——二、古文上字。凡亣之屬皆从亣。」（卷三上）據此可見，《說文》「𡔔」形上方確實如「亣」之形。另外，《說文》在「辛」字下提到：「辛，秋時萬物成而孰；金剛味辛，辛痛即泣出。从一、从亣。亣，辠也。辛承庚，象人股。凡辛之屬皆从辛。」（卷十四下）亦可見「辛」、「亣」二形只差一個筆畫，字形上也存在著一定的聯

繫，然而許慎將「🝔」、「辛」二字分列於卷三及卷十四，應是認為此二字並非同一字。隨著時代推移，出土資料愈來愈豐富，羅振玉在《增訂殷虛書契考釋·中》以為「辛與🝔之別，但以直畫之曲否別之」[18]，郭沫若在《甲骨文字研究·釋干支》則以為「辛字之結構，橫畫固可多可少，而直畫亦可曲可直，更積極言之，則辛🝔實本一字。」[19]直至今日，學者依舊各有所持，如：陳昭容先生〈釋古文字中的「业」及从「业」諸字〉一文基本上贊同郭沫若之見，並接受詹鄞鑫先生〈釋辛及與辛有關的幾個字〉一文中將辛🝔同視為鑿具之說[20]，提出「辛、🝔縱筆直豎，金文中或間有曲筆，不構成區別的標準。」[21]季旭昇師則贊同羅振玉之見，以為「🝔」字和「辛」字之別，「僅在下豎筆的曲與直，曲者為🝔，直者為辛，郭沫若以為🝔辛一字，恐不可从，辛字上古音在心紐真部開口三等，與🝔的聲紐相去太遠。」[22]綜上所述，辛🝔二形依然尚有可議之處，然季旭昇師除了字形的討論，亦從聲韻角度加以析論，筆者較贊同其說。

---

[18] 羅振玉：《增訂殷虛書契考釋·中》（臺北：藝文印書館，1981年），頁76。

[19] 郭沫若：《甲骨文字研究·釋干支》（北京：北京圖書館出版社，2000年），頁13-15。

[20] 詹鄞鑫：〈釋辛及與辛有關的幾個字〉，《中國語文》1983年5期，頁369-674。

[21] 陳昭容：〈釋古文字中的「业」及从「业」諸字〉，《中國文字》新廿二期（臺北：藝文印書館，1997年7月），頁122。

[22] 季旭昇師：《說文新證（上冊）》（臺北：藝文印書館，2002年），頁153。

　　辛 𢆉 二形關係目前雖然無法完全釐清，然而「童」字上方所從的形體，學者多半以為是「辛」形而非「𢆉」形。如：劉釗先生在〈甲骨文字考釋〉一文中有「釋童」之說，藉由「鐘」所從的「童」形，論證「童」字初形中含有「辛」形；[23]季旭昇師亦言童字甲骨文从「辛」，並引「𠂤」（《屯南》650）加以說明；[24]李宗焜先生在《甲骨文字編》「辛」部下的字頭編號 3267「童」字，列出了「𠂤」（屯650（B2））、「𤔔」（《合集》30168（B2））兩形。[25]筆者贊同以上三位學者之說。

（二）童為「重省聲」是否合理？

　　《說文》中的「省聲」說，學者或有不贊同之處，如清代段玉裁在《說文解字注》中已明言「家」從「豭省聲」並不合理[26]；以現代學者的眼光來看，「省聲」說則提供學者更多的構形思考空間。對於「童」字亦是如此。《說文》以為「童」乃「重省聲」，簡單地說，「童」與「重」二者，除了可能存在著構形的關係，也可能存在著聲音的關係。當甲骨文尚未被發現及認識之前，學者多由金

---

[23] 劉釗：〈甲骨文字考釋〉，《古文字研究》第十九輯（北京：中華書局，1992年），頁461。

[24] 季旭昇師：《說文新證（上冊）》，頁154。

[25] 參見李宗焜：《甲骨文字編》（北京：中華書局，2012年），字頭編號3267，頁988。又，編號後的「B2」指的是「歷組一類」，時代約在第一期武丁中期以後至第二期祖庚時期。（參見李宗焜，《甲骨文字編》，序文頁17-18。）

[26] 段玉裁《說文解字注》：「按：此字爲一大疑案。豭省聲讀家，學者但見从豕而巳。从豕之字多矣，安見其爲豭省耶？何以不云叚聲，而紆回至此耶？竊謂此篆本義乃豕之凥也，引申叚借以爲人之凥。字義之轉移多如此。牢，牛之凥也，引伸爲所以拘罪之陛牢，庸有異乎。豭豕之生子冣多，故人凥聚處借用其字，久而忘其字之本義，使引伸之義得冒據之，葢自古而然。許書之作也，盡正其失，而猶未免此，且曲爲之說，是千慮之一失也。家篆當入豕部。」（參見〔清〕段玉裁：《說文解字注》（臺北：黎明文化，1993年），頁341。）

文字形來推論，劉釗先生在〈甲骨文字考釋〉中的「釋童」之見，
便是以這個角度出發：首先，利用「鐘所从」的「童」形分類排序，
而得出 A、B、C 三個層次，如下所示：[27]

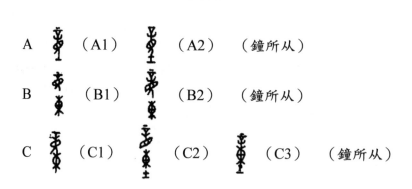

藉由金文字形的輔助，加以證明《小屯南地甲骨》650 片上的
「」形為「童」字，當證明「」形為「童」字之後，以此形比對
《合集》30178 的「」（《合集》30168）形，以為二者構形相同，
應為一字。最後再論《英國所藏甲骨集》1886 片的「」形似从言
从東，東字橫置，也應為「童」字。[28]麻煩的是，劉釗先生在處理
「鐘所从」的「童」形時，並沒有將他引用的字形材料告訴讀者。
為求一清眉目，筆者嘗試利用容庚《金文編》、「小學堂」網站中
的金文字形以及殷周金文暨青銅器資料庫之拓本相互參照，蒐羅其
可能相應的字形進行比對，結果如下所示：

---

[27] 劉釗：〈甲骨文字考釋〉，頁 461。
[28] 劉釗：〈甲骨文字考釋〉，頁 461。

式別		金文中「鐘所从」的「童」形				
		劉釗摹本	《金文編》摹本[29]	「小學堂」摹本[30]	殷周金文暨青銅器資料庫拓本	時代[31]
A	A1		（王孫鐘）		王孫遺者鐘	春秋晚期
	A2		（子璋鐘）		子璋鐘	春秋晚期
B	B1		（中義鐘）[32]	[33]	中義鐘	西周晚期

---

[29] 「鐘」字，收錄於容庚：《金文編》（北京：中華書局，1994 年），頁 915-917。

[30] 在「第十屆通俗文學與雅正文學——「語言與文字」國際學術研討會」(2014 年 10 月 24 日)上，承蒙中央研究院歷史語言研究所陳昭容研究員告知，「小學堂」資料庫的金文字形乃由《金文編》而來。然而筆者以為，從紙本《金文編》至電子版《金文編》字形，因掃瞄圖檔的解析度問題，以及由點陣圖轉而為向量圖，古文字線條的數位訊息在轉換的過程當中會有所失真，故此表乃保留《金文編》與「小學堂」的字形；此外，同個字形的《金文編》與「小學堂」的器名或有所差異，在此特別說明。

[31] 以下銅器的斷代及釋文，乃依據「殷周金文暨青銅器資料庫」，網址：https://app.sinica.edu.tw/bronze/qry_bronze.php，不再另行加注說明。瀏覽日期：2014 年 10 月 1 日。

[32] 劉釗 B1 之形，筆者目前尚未尋得與其最相近之形，故暫時以中義鐘「」形旁的從童之形作為代表。

[33] 釋文：「中義乍（作）鬴鐘，其萬年永寶。」

C	B2	（克鼎）	集成2836 大克鼎	克鼎（大克鼎）	西周晚期
	C1	（牆盤 35） [34]	集成10175 史牆盤	史牆盤（史墙盤）	西周中期
		（獣鐘）	集成260 宗周鐘	獣鐘（宗周鐘）	西周晚期
	C2	（毛公厝鼎） [36]	集成2841 毛公鼎	毛公鼎	西周晚期
		（秦公鎛）	集成268 秦公鎛	秦公鎛	春秋早期
	C3	（虘鐘）	集成89 叔鐘	叔鐘（虘鐘）	西周中期

　　根據上表資料，如細察四者（劉釗先生摹本、《金文編》摹本、「小學堂」摹本、殷周金文暨青銅器資料庫拓本）之間的差異，可

---

[34] 《金文編》頁154收有「童」字，劉釗C1「」之形與「童」字下收錄的「」形（牆盤）最為接近。至於「鐘所從」的「童」形，則暫時以獣鐘「」形所從之「童」形作為代表。

[35] 又名「史牆盤」、「史墙盤」。

[36] 《金文編》頁154收有「童」字，劉釗C2「」之形與「童」字下收錄的「」形（毛公鼎）最為接近，差別在於中間目形的外框形體與是否有一圓點。至於「鐘所從」的「童」形，則暫時以秦公鎛「」形所從之「童」形作為代表。

發現幾個現象：第一，劉釗先生摹本如果有足夠的精準度，那麼就是筆者無法找出其來源與出處，如 B1；第二，《金文編》第四刷與「小學堂」金文字形十分接近，幾乎一模一樣，應是「小學堂」利用其字形加以掃瞄、剪裁後錄入資料庫中，以提供查詢者使用；第三，子璋鐘的《金文編》、「小學堂」字形與原拓本相較，「辛」形上少了一橫畫，《金文編》、「小學堂」字形二者字形不夠精確。

此外，劉釗先生列舉三式七形（🉑、🉑、🉑、🉑、🉑、🉑、🉑）後，對於這些構形之間的關係說明如下：

> A 式從辛從見，為童字早期構形。A1 所從之見作「🉑」，相同之例如「🉑」又作「🉑」。A2 所從之見的下部「人」譌變為「壬」，這是「人」與「土」二字結合的結果，相同之例如「🉑」又作「🉑」。B 式從「🉑」東聲，乃增加聲符後的構形。《說文》謂童「從重省聲」，不夠準確。實則「童」、「重」皆從東聲，「童」字應說成從東聲才是。C 式與 B 式近似，但聲符已與初形融為一體。C1 用借筆方式將初形「🉑」與聲符「🉑」連接。C2 省去初形下部「見」所從之「人」，C3 則將初形所從之「見」全部省去，聲符「東」與初形所從之「辛」結合為一，此乃《說文》小篆構形的由來。[37]

以上對於「童」的構形說明，推論結果基本可從，其中論及 B 式的構形時，以為「《說文》謂童『從重省聲』，不夠準確。實則『童』、『重』皆從東聲，『童』字應說成從東聲才是。」一語道破「童」、「重」、「東」三者之間的關係，筆者贊同這樣的觀點。

然而如果進一步細究劉釗先生對於構形的解說，會發現其在推論的過程中並沒有考慮到字形出現的時代問題。第一，以 A 式來說，如筆者根據劉釗先生所引字形而找出的銅器字形推測無誤的話，那

---

[37] 劉釗：《甲骨文字考釋》，頁 461。

麼A式的「￼、￼」二形時代應在春秋時期才出現，時代晚於B式與C式，不宜將「￼、￼」放於最前面討論；也由於沒有注意到時代問題，而提出「A式从辛从見，為童字早期構形」之說。筆者以為，「A式从辛从見」正確可從，但A式「為童字早期構形」，則有所疏漏，因為B式的時代為西周晚期，C式的時代從西周中期至春秋早期，都比A式的時代來得早，所以A式不應為童字的早期構形。第二，以C式而言，C1與C2二形，筆者與《金文編》「童」字下所收的形體相互對照，以為劉釗先生此處所引字形似乎是「童」字下獨立的「童」形，而非「鐘所从」的「童」形，然而劉釗先生C1與C2二形的「目」形寫法，與《金文編》「童」字下的「童」形又不太相同，是出處不同還是摹寫者的認知差異所產生的歧形，其實也反應了古文字學者在推論時引用字形必須更加精確與細察，才能更具有說服力。

值得注意的是，筆者在閱讀金文資料的過程中發現，劉釗先生將「鐘所从」的「童」形分成三式，似有不足之處，以「中義鐘」來看，共有八件，銘文均同，於 1960 年出土於陝西省扶風縣齊家村窖藏，時代為西周晚期。這八件銘文裡的「鐘」字形體如下所示：

編號	相應字形[38]	《周原出土青銅器》[39]照片或拓本	《金文編》摹本[40]
集成 00023	殘泐不明	￼	缺錄

[38] 以下字形取自於「殷周金文暨青銅器資料庫」。
[39] 曹瑋主編：《周原出土青銅器》（成都：巴蜀書社，2005 年），頁 125-150。
[40] 容唐：《金文編》，頁 916。

集成 00024			
集成 00025			缺錄
集成 00026			缺錄
集成 00027		 	缺錄
集成 00028			
集成 00029			缺錄
集成 00030			缺錄

　　列舉這些字形，可以發現劉釗先生所列三式七形（🔸、🔸、🔸、🔸、🔸、🔸、🔸）裡並不包含中義鐘「🔸」形所從的「🔸」形；換句話說，在「童」的發展序列裡還存在「從辛從東」這個序列才是。

（三）籀文「🔸」形中間是否為「廿」形？

　　為求一清眉目，茲將「🔸」形放大，並將《說文》以為「廿」形的部分以紅線區別如下圖所示：[41]

---

[41] 此處「🔸」形，為汲古閣大徐本《說文》字形，即明末虞山毛氏汲古閣所刊印的《說文解字》，目前收藏於國家圖書館善本書室中。

《說文》所言的「廿（⌣）」形，或以為中間主要豎筆為「辛」之豎筆，因書寫之故，貫穿了「廿」形。季旭昇師則以為「童」字的籀文形體，被「《說文》以為从『廿』的部件，其實是『目』形的訛變。」[42]據季旭昇師對於「童」字「釋形」的解說如下：

> 甲骨文从「辛」，其下之「目」形象人頭，其下為「人」，全字象人頭上戴刑具「辛」，正象一個男性罪犯。……

　　季旭昇師所引用的甲骨字形，乃為「𤔲」（屯南 650）之形，根據此形暨相關所屬字形[43]進一步推論，將《說文》童字籀文「𥄂」形所从的「⌣」形視為「目」形的訛變，有一定的合理性。值得注意的是，從劉釗先生在〈甲骨文字考釋〉一文中，以為甲骨文的「童」形共三見，分別為「𤔲」（《屯南》650）、「𤔲」（《合集》30178）、「𤔲」（《英國所藏甲骨集》1886）[44]，李宗焜先生《甲骨文字編》亦與劉釗先生的意見相同，只不過在字形安排的歸屬上有所差異，將前二形「𤔲」（屯 650（B2））、「𤔲」（30168（B2））列於「辛」部下的字頭編號 3267「童」字，第三形「𤔲」（英 1886（A2））則列於「東」部下的字頭編號 4042「童」字。[45]為了方便比較摹本的差異性，茲將諸家摹本字形放大如下所示：

---

[42] 季旭昇師：《說文新證（上冊）》，頁 154。

[43] 季旭昇師《說文新證》所引用的歷代相關字形，請參見《說文新證（上冊）》，頁 154。

[44] 此處字形，乃劉釗文章中的摹本。（參見劉釗：〈甲骨文字考釋〉，頁 461。）

[45] 此處字形，乃李宗焜書中的摹本。（參見李宗焜：《甲骨文字編》，字頭編號 3267（頁 988）及字頭編號 4042（頁 1271）。）

出處	季旭昇	劉釗	李宗焜	拓本	釋文
《屯南》650	〔甲骨字形〕	〔甲骨字形〕	〔甲骨字形〕	〔拓本〕[46]	「……王弜令受禾子史，墾田于〔字〕」（劉釗） 「……王弜令受爰史〔字〕田于童」（曹錦炎、沈建華）[47]
《合集》30178	無	〔甲骨字形〕	〔甲骨字形〕	〔拓本〕[48] 〔拓本〕[49]	「□申卜，其去雨于〔字〕〔字〕利。」（許進雄）[50] 「……申卜其各雨于〔字〕〔字〕利」（劉釗）

---

[46] 參見中國社會科學院考古研究所編：《小屯南地甲骨（上冊）》（北京：中華書局，1980 年），頁 113。

[47] 曹錦炎、沈建華編著：《甲骨文校釋總集·小屯南地甲骨（卷十八）》（上海：上海辭書出版社，2006 年），頁 6077。

[48] 郭沫若主編、中國社會科學院歷史研究所所編：《甲骨文合集（第十冊）》（北京：中華書局，1981 年），頁 3687。

[49] Hsu Chin-hsiung, "The Menzies Collection Of Shang Dynasty Oracle Bones" VOLUME I: A Catalogue, The Royal Ontario Museum, Toronto, Canada.（許進雄：《明義士收藏甲骨文集》，加拿大皇家安大略博物館出版，1972 年，頁 109。）

[50] Hsu Chin-hsiung, "The Menzies Collection Of Shang Dynasty Oracle Bones" VOLUME II, The Text, The Royal Ontario Museum, Toronto, Canada in cooperation with The Chinese Unversity of Hong Kong.（許進雄：《明義士收藏甲骨釋文集》，加拿大皇家安大略博物館出版、香港中文大學協助編校，1977 年，頁 138。）許進雄在釋文隸定後，對於此條卜辭內容說明如下：「卜辭去來常對文，去雨當是求雨退、雨止之祭。〔字〕、〔字〕：不識，為神祇名。〔字〕，依字形之結構與望同，象企於高處遠望之意，或是同字。利：象以刀割禾之利之意，引申為利益、順利。＊向〔字〕〔字〕舉行退雨之祭，是會順利的，是嗎？」（許進雄：《明義士收藏甲骨釋文集》，頁 138。）以上之說，提供參考。

					「□申卜，其◾雨于◾◾利。」（胡厚宣）[51] 「……申卜其去雨于◾◾利」（姚孝遂）[52] 「□申卜其去雨于◾童利」（陳年福）[53]
《英藏》1886	無			[54]	「……其……◾……」（劉釗）

　　誠如劉釗先生、李宗焜先生之見，《屯南》650 與《合集》30178 二形構形十分接近，除了上方的「辛」形有些差異，其他部件相去不遠。另外值得注意的是，此二形拓本中間的「目」形右方筆畫似有相併之狀，簡言之，目形並不十分明確，而學者在摹此二形卻將目形清楚勾勒出來，是否真是如此，有待未來進一步目驗。

　　至於《英國所藏甲骨集》1886 片上的「◾」形，劉釗先生以為：

「◾」字似从言从東，東字橫置，這應該是童字譌變後的一種異體。金文公臣簋鐘字所从之童字作「◾」，也譌變為从言从東，與「◾」字形近，「◾」字也應為「童」字。

---

[51] 胡厚宣主編：《甲骨文合集釋文（三）》（北京：中國社會科學出版社，1999年），無頁碼編號。

[52] 姚孝遂主編：《殷墟甲骨刻辭摹釋總集（下冊）》（北京：中華書局，1988年），頁 670。

[53] 陳年福：《殷墟甲骨文摹釋全編（第五卷）》（北京：線裝書局，2010年），頁 2683。

[54] 李學勤、齊文心、艾蘭：《英國所藏甲骨集（上編：下冊）》（北京：中華書局，1985年），頁 354。

　　查看「殷周金文暨青銅器資料庫」中的「公臣簋」（《集成》4184），出土於陝西省岐山縣京當鄉董家村，時代為西周晚期，其「鐘」字作「▦」形，所從「▦」形亦從言從東，只是東形的寫法與甲骨文相差九十度，一為橫置，一為直立，從晚商至西周晚期，偏旁尚未完全定型，據此或可將「▦」形與「▦」形視為同字異形。以上所言如果成立，那麼便可證明「童」字存在著「從言從東」的構形。

　　從這個角度回頭看《說文》「童」字下的籀文「▦」形，被《說文》視為「廿」形的「▦」形，有沒有可能是「▦」形中，其所從「言」形下方的「口」形呢？筆者以為這個可能性極高，據此，或可將「童」字籀文「▦」形視為「從言從東從土」或「從言從重省」，而「▦」形乃「言」形下方的「口」形。又，《說文》「嗌」下有一籀文形體作「▦」形，《說文》云：「▦，籀文嗌，上象口，下象頸脈理也。」（卷二上）可見籀文「口」形亦有作「▦」之形，可作為「▦」形為「口」形的旁證。

　　又，如以「童」字在「小學堂」網站查詢，可查得如下所示的甲骨文：

庫1867

　　根據字形編號來看，此乃《庫方二氏藏甲骨卜辭》一書中的字形，將此形與《英國所藏甲骨集》1886 片上的「▦」形（此為劉釗先生摹本）十分接近，為釐清彼此之間的關係，筆者找出《庫方二氏藏甲骨卜辭》原摹本與之對照，如下所示：

《英藏》1886片	《庫方》1867片[55]	《庫方》1867[56]	「小學堂」網站
			無

　　根據以上拓本及摹本的對照，可以知道《英國所藏甲骨集》1886 與《庫方二氏藏甲骨卜辭》1867 為同一甲骨，然而在多次的印刷處理、影像處理後，外形失真的過程清楚可辨，版本價值高下立判。據此，「小學堂」網站中「庫1867」之形所摹有誤，中間「口」形豎畫不能貫穿其中。

（四）「童」的構形本義

　　爬梳完畢「童」字相關的重要字形後，那麼「童」的構形本義應該如何理解？根據甲骨文來看，「」形為第一期武丁師組小字，「」形為第一期武丁中期至第二期祖庚歷組一類，因此「」形

---

[55] 此圖版本為方法斂在 1935 年於上海商務印書館所刊行的線裝本。（詳見方法斂：《庫方二氏藏甲骨卜辭》（上海：商務印書館，1935 年），頁 122。）

[56] 此圖版本為《庫方二氏藏甲骨卜辭》一書，後收錄於《甲骨文研究資料彙編》第 18 冊（北京：北京圖書館出版社，2008 年），頁 528。然而，在多次印刷之後，就「童」形的甲骨線條來看，已然相黏在一起，失真頗為嚴重。

或較「▌」形為早，或此二形並列發展；如從「▨」形「從言從東
（或東聲）」來看，「東」、「童」聲音相互通假，聲多兼義；從
「言」或為義符；相合而論便是「多言之幼童（童僕）」，年幼之
童牙牙學語，故「童」字「從言東聲」應有一定的可能性存在；至
於「▌」形則如季旭昇師所言，從辛從目從人，正象一男性罪犯，
這種意涵即《說文》所言「男有辠曰奴，奴曰童」之依據。綜上所
述，筆者大膽推論「童」字或有二個不同的來源：其一，「從言東
聲」的「多言幼童（童僕）」，其二，「從辛從目從人」的「男性
犯童」。另外還存在一個可能性，「言」的構形據《說文》以為「從
辛從口」，姚孝遂以為甲骨文「言」字如「▨」、「▨」、「▨」
等形，「從舌從一」，[57]而「辛」與「辛」依上文所引用的相關學
者意見，本來也就存在著形近相訛的問題，換句話說，「舌」、「辛」、
「辛」三形在甲骨文時代存在著形近的現象。如果這個說法能夠成
立，那麼也就可以看到甲骨文以後的金文「童」形，上方所從的「辛」
形與「言」形所從的「辛」形或「舌」形產生了因形近而類化的現
象。

（五）「童」形的解構與重組

　　根據前文對於「童」字或從「童」之字的甲骨文與金文之構形
分析，可以概括看到幾種構形現象：

---

[57] 此處三個「言」形為筆者據姚孝遂文章所引之形截圖轉貼至此。參見姚孝遂：
〈古漢字的形體結構及其發展階段〉，《古文字研究》第四輯（北京：中華書
局，1980 年），頁 32。

字形代表							
構形部件	言東	辛目人土[58]	辛目人東[59]	辛東土	辛目東	辛目東土	辛東
出處	英藏1886	屯南650	牆盤	虘鐘	宗周鐘	毛公鼎	中義鐘
時代	師組小字[60]	歷組一類[61]	西周中期	西周中期	西周晚期	西周晚期	西周晚期

　　簡言之，「童」字在演變的過程中，利用「言、東、目、人、土、辛」等字根進行多樣性的組合，或含目形與人形相合的「見」形，或含人形與土形相合的「壬」形，可見「童」字在春秋以前的甲骨文、金文中尚未定形；然而在多樣性的構成當中，還是可以看到其字形演變歷程。以下配合諸多字形的時代先後，並結合劉釗先生「童」的發展序列三個層次表的成果，筆者補充並調整如下所示：

---

[58] 這四個部件中，「目」形可與「人」形組成「見」形，「人」形可與「土」形組成「壬」形。

[59] 這四個部件中，「目」形可與「人」形組成「見」形。

[60] 第一期武丁（據李宗焜斷代）。

[61] 第一期武丁中期至第二期祖庚（據李宗焜斷代）。

甲骨文		金文				備註
師組小字	歷組一類	西周中期	西周晚期	春秋早期	春秋晚期	
英 藏 1886			公臣簋			從言東聲[62]
			說文籀文			
			克鼎			從辛東聲 [63]
		史牆盤	宗周鐘			
			中義鐘			
		虘鐘	毛公鼎	秦公鎛		
	屯南 650				王孫 遣者鐘	無東聲
					子 璋鐘	

　　如前所述，「童」的構形部件或字根中含有「言、東、目、人、土、辛、見、壬」等形，在晚商時期，可依聲符「東」之有無進

---

[62] 筆者按：此為必備條件為必備條件。
[63] 筆者按：此為必備條件為必備條件。

行第一層次的區別；在西周時期的金文中，則可派生出「从言東聲」
與「从辛東聲」二系。在此架構下，因應書者的各式變化與需求，
而出現了「童」形眾多的異體現象。又，以上表格當中的空格處，
並非代表該時代就一定沒有相應的字形，而是本表中的字形均為前
文曾引用過的字形，特此說明。

（六）金文中「鐘」、「鍾」互用的問題

　　《金文編》在「鐘」字下所收字形，除了前述代表字形外，其
實還有一大類別，亦即「从金从重」之形，劉釗先生在〈甲骨文字
考釋〉一文中，除了探討「童」字之外，亦探討「重」字，以為《說
文》「重」字「从壬東聲」，乃符合重字的晚期構形，如根據字
形演變，「重」的早期構形應為「从人東聲」或「从人从東東亦聲」。
[64]筆者贊同劉釗先生之說，換句話說，「重」字的構形組成份子當
中，或包含「人、東、壬」等形，如將「童」字所含的構形組成
份子「言、東、目、人、土、辛、見、壬」與之相較，會發現「重」
形隱含於「童」形之中，無怪乎在金文時代，「鐘」、「鍾」可以
互用，因為其組成份子存在其中，也無怪乎《說文》會將「童」字
視為「重省聲」。然而如果進一步細察，會有這種現象的存在，或
許是在西周時期開始要進行「鐘」、「鍾」的文字分化行為，而這
樣的分化現象則保留在諸多字形當中。以下以「兮仲鐘」為例[65]，
如下所示：

---

[64] 劉釗：〈甲骨文字考釋〉，頁 462。
[65] 據「殷周金文暨青銅器資料庫」，「兮仲鐘」共七件。

序號	集成編號	器名	時代	文例	鐘字構形
1	00065	兮仲鐘	西周晚期	兮中（仲）乍（作）大替（林）鐘	
2	00066	兮仲鐘	西周晚期	兮中（仲）乍（作）大替（林）鐘	
3	00067	兮仲鐘	西周晚期	兮中（仲）乍（作）大替（林）鐘	
4	00068	兮仲鐘	西周晚期	兮中（仲）乍（作）大替（林）鐘	
5	00069	兮仲鐘	西周晚期	兮中（仲）乍（作）大替（林）鐘	
6	00070	兮仲鐘	西周晚期	兮中（仲）乍（作）大替（林）鐘	
7	00071	兮仲鐘	西周晚期	兮中（仲）乍（作）大替（林）鐘	

　　由以上「鐘」字所從偏旁來看，有從「童」形者，如集成65、

66 等形；有從「重」形者，如集成 68、69、70、71 等形；[66]職是之故，西周晚期的「童」、「重」可在書寫的過程中互用形旁（亦可視為互用聲旁）。

二、楚簡中「童」的構形現象

（一）單獨出現的「童」形

戰國楚簡中的「童」字，以「戰國楚簡帛電子文字編」進行查詢，共查得 39 筆資料[67]，如下所示：

上博·詩論·簡10-30	上博·子羔·簡02-17	上博·子羔·簡03-02	上博·容成氏·簡21-26	上博·季庚子·簡05-14
上博·季桓子·簡15-14	上博·鄭壽·簡01-16	上博·吳命·簡01-25	上博·成王·簡15-01	上博·成王·簡15-33
上博·陳公·簡14-01	上博·舉治·簡32-11	清華·芮良·簡06-01	清華·祝辭·簡03-16	清華·祝辭·簡04-16
清華·祝辭·簡05-16	郭店·窮達·簡11-11	郭店·尊德·簡39-15	郭店·語四·簡14-02	包山·簡034-14
包山·簡039-14	包山·簡180-69	包山·簡276-08	包山·牘1背-09	新蔡·甲三·簡035-01

---

[66] 至於集成 67 所從之形，由於字形殘泐不明，暫不討論

[67] 系統目前可查得 39 筆，包含信陽簡「從厂從童」之形，本表將此形改至下文（二）「出現在偏旁中的『童』形」處，資料庫需再修改。又，今補入「望山·M2·簡29-01」之形，原考釋以為「童」字，但字形殘泐不清，暫置於此。

新蔡·甲三·簡188、簡197-11	新蔡·零·簡234-01	新蔡·零·簡429-03	帛書·乙·行08-20	望山·M1·簡122-03
望山·M2·簡06-47	望山·M2·簡09-26	望山·M2·簡12-04	望山·M2·簡13-04	望山·M2·簡29-01[68]
望山·M2·簡49-31	望山·M2·簡49-35	望山·M2·簡49-42	望山·M2·簡49-51	

　　以上「童」形，相對於金文而言，偏旁部件的使用已較為穩定，以目前所見的形體來看，可略分為二系：第一系是「從辛從目從壬」，第二系是「從辛從東從壬」。茲將代表字形表列如下，以對比其差異之處：

系別	字例						備註
第一系	從辛之別	上博·詩論·簡10-30	上博·鄭壽·簡01-16	上博·陳公·簡14-01	望·M2·簡13-04	上博·季桓子·簡15-14	清華·祝辭·簡04-16	第一系：從辛從目從壬。又，清華簡的辛形與東形共筆。

---

[68] 原釋文為「☐童孌，軒☐」（參見湖北省文物考古研究所：《江陵望山沙冢楚墓》（北京：文物出版社，1996 年），頁 276），筆者以為左邊應有非童形的其他殘筆，待考。

從目之別	上博·詩論·簡 10-30	郭店·尊德·簡 39-15	上博·季桓子·簡 15-14	望山·M2·簡 09-26	上博·陳公·簡 14-01	上博·季庚子·簡 05-14	
從壬之別	上博·詩論·簡 10-30	上博·季桓子·簡 15-14	上博·子羔·簡 02-17	清華·祝辭·簡 04-16			清華簡的壬形與東形下方共筆。
第二系	清華·祝辭·簡 04-16						第二系：從辛從東從壬。又，從「東」之形目前只出現在清華簡。

　　根據上表，第一系從「辛」之形，基本形體作「⿰、⿰、⿰、⿰」，以「⿰」作為主體來看，筆畫總數姑且視為三畫，而上述四形存在著不同的現象：第一項差異在於上方有無短橫畫之別，

楚文字常常在上方主要橫畫之上再多寫一筆短橫畫，這是常見的狀況，短橫畫的存在與否並不影響對於文字構形的判斷；第二項差異在於中間相應於楷書的左右兩點，楚文字中存在著以向上之弧筆書寫，同時亦存在著左右兩點的寫法；第三項差異在於第三筆的寫法約有二類，一是向上之弧筆，或可一筆書之、或可自外向內分二筆書之，二是由左至右以一筆長橫畫書之。以上的差異，透露戰國楚簡存在著不同的筆形或構形方式，或可視作書者個人風格不同而造成的差異現象，學者也可由此加以辨析個人書寫風格對於文字構形產生異體的影響及其相關層面之探討。至於「」（上博・季桓子・簡15）形，其「辛」形下筆與「目」形上筆產生了共筆現象；「」（清華・祝辭・簡04）形，其「辛」形第三筆與「東」形上面筆畫也產生了共筆現象。另外，從甲骨、金文一路下來，「辛」形中間豎筆到了戰國楚簡字形中，似乎已經消失不見。

　　至於第一系從「目」之形，基本形體作「、、、」之形，「」形上下比例大小差不多，「」形則是上小下大，「」形則是上大下小，「」形則上面有一缺口，以上諸形均為書者個人風格的展現。另外有作「」形者，其構形與其他「目」形基本上並不相類，反而與甲骨文「」（屯南650）所從的「」形較為接近，如果這個說法夠能成立，也就能代表「」形亦為「目」形的一種異體寫法。值得注意的是，「上博・季庚子・簡05-14」的中間，似乎寫成上「」下「」之形，為求一清眉目，茲放大如下：

如果此說得以成立，那麼在字形的演變過程中，二種不同的「目」形同時出現在楚簡文字的構形當中，而「上博·成王·簡15-01」、「上博·成王·簡15-33」、「上博·陳公·簡14-01」、「上博·舉治·簡32-11」等形中間的「 」形，則保留了較為特殊的異寫現象。

與第一系從「辛」、從「目」的構形相較，第一系從「壬」之形變化較為單純，基本形體作「 」等形，其差異處在於中間豎筆有無圓點或短橫畫飾筆，這二種筆畫書寫的表現在楚簡當中為常見的書寫行為，嚴格來說並不會造成構形判斷上的不同理解。而「清華·祝辭」中的「 」形，嚴格來說中間應視為「東」形，然在其下又加上一長橫畫，恰巧有機會構成「 」形，故筆者在此將其視為「壬」形與「東」形下方部分部件產生共筆的現象。

第二系「從辛從東從壬」的「童」形，目前只出現在清華簡中，其「辛」形部件與中間「東」形上方存在著共筆現象，「東」形下方部分部件又與下方長橫畫存在著共筆現象。

（二）出現在偏旁中的「童」形

以筆者目前所整理的資料來看，出現在偏旁中的「童」形將近

百例[69]，除了「   」（新蔡·甲三·簡316-08）這個字所從的「童」形有待將來更清楚的圖版以茲考證外[70]，其他偏旁從「童」之形均作「從辛從目從壬」，據此可見，戰國楚簡的「童」形如果作為其他字體的構字組成部件時，形體是十分穩定的，目前還沒有看到像獨立出現時的眾多變化面貌。從「童」之字如下表所示：

從童之字的隸定	字根分析（由左至右，由上至下）	出現次數
鐘	從金從童	22
種	從禾從童	14
僮	從人從童	12
敱（敼）	從童從攵（攴）	10
達	從辵從童	7
襺（襄）	從衣從童	7
緟	從糸從童	4
賰	從貝從童	3
嬞	從女從童	2
箽	從竹從童	2
瘒（幢）	從疒（爿）從童	2
㢟	從厂從童	1
禈	從示從童	1

---

[69] 根據「戰國楚簡帛電子文字編」，楚簡從「童」之形字形表目前共有91例。

[70] 原考釋釋文：「司馬敵之遊，鬮於猷冰、余疋二狢，襀二☒」（河南省文物考古研究所編著：《新蔡葛陵楚墓》（鄭州：大象出版社，2003年），頁198。）至於張新俊、張勝波《新蔡葛陵楚簡文字編》將其收錄於「附錄」字頭編號16下（張新俊、張勝波：《新蔡葛陵楚簡文字編》（成都：巴蜀書社，2008年），頁243），為待考字。筆者按：此形如果左邊是「童」的話，似乎可視為「從辛從目從東從土」，而右邊則為「犬」形。

意（憧）	从童从心	1
糧	从米从童	1
軀	从身从童	1
獣 [71]	从童从犬	1
以上合計：		91 筆

　　另外，根據上表可見，在戰國時的楚國文字當中，「童」形可與「金、禾、人、攵（攴）、辵、衣、糸、貝、女、竹、疒、厂、示、心、米、身、犬」諸形進行構字部件的組合，至於其組合構形意涵，詳見下文分析。

三、楚簡中「童」的語意範疇

（一）單獨出現的「童」意

　　楚簡中「童」形與从「童」之形構形分析完畢之後，在楚簡中，「童」的語意範疇包含那些層面？根據上文，在甲骨文時代，「童」的構形本義或有二個層面：其一，「从言東聲」的「多言幼童（童僕）」，其二，「从辛从目从人」的「男性犯童」。在金文時期，由於「鐘」字所从「童」形可與「重」形互用（亦可視為聲符互用），在寓形於義、聲多兼義、通假等文字現象中，「童」的語意範疇也就多了「重」的概念，於是乎从「重」得聲之字——如「動」，也就加入了「童」的語意世界。那麼，到了楚簡「童」字用例中，還有沒有其他的用法呢？

　　筆者根據目前所見楚簡「童」形所屬的相關文例進行分析，製

---

[71] 此為「⬚」（新蔡・甲三・簡 316-08）之隸定，亦即前文所提待考之形。

成「楚簡『童』形的語意範疇一覽表」[72]，由此表可見，依目前學者之見，「童」可讀為、借為或或通假成「童、幢、重、動、踵、誦、同」等看法，筆者結合前文所進行甲骨文、金文等構形分析，明其可能的字源演變，並藉由楚簡文例「童」字的量化分析，以為39 例當中，如將「童」視為「誦」字的通假，僅佔 1/39，其可能性太低，在有可能讀為與「童」字有字源關係的情形下，不需以通假釋讀簡文；此外，將「童」讀為「同」，據其文例來看，雖佔 3/39，然而目前只出現在《清華簡・祝辭》中，且筆者以為原考釋讀為「同」之處，讀為「動」亦文從字順，在楚簡「童」字的釋讀中，讀為「動」為常例，且有字源關係。因此，筆者以為戰國楚簡「童」字的語意範疇，可派生成如下表所示：

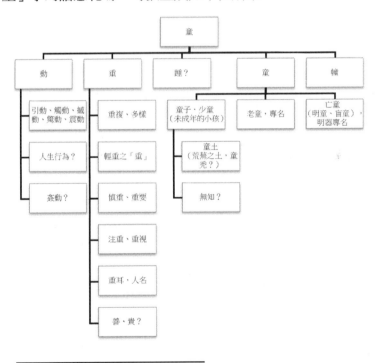

---

[72] 附錄：楚簡「童」形的語意範疇一覽表中的「童」形所屬文例，主要依據原考釋者的隸定。

在分析的過程中，筆者以為有些義項可以再行討論，如：「童」是否要讀為「踵」？又如：讀為「動」之下的「人生行為」與「姦動」二者；讀為「重」之下的「善、貴」；讀為「童」之下的「童土」、「無知」等，即使沒有這些義項的存在，以其他義項置入文例中進行解釋亦可文通字順。換句話說，這些後面被筆者標注「？」的義項在戰國楚簡中並沒有絕對存在的必要性；然而反過來看，或許這些義項在戰國楚簡的文例中已開始萌芽，亦有其保留於此的參考價值。

（二）與其他偏旁合體出現的語意範疇

楚簡从「童」之形字形表，以目前公布的字形來看，如從構形角度切入，「童」形可與「金、禾、人、攵（攴）、辵、衣、糸、貝、女、竹、疒、厂、示、心、米、身、犬」諸形進行組字工作。至於學者亦有從聲音角度切入，如黃德寬等人以「聲符」進行繫連分析，其在《古文字譜系疏證・前言》中提到：

> 《疏證》一書以聲符為核心構建形聲譜系，再以「音」繫連將形聲譜系按古韻部和聲紐編列構建廣義譜系，對每一字羅列古文字不同階段之典型形體，然後逐字分析字形，闡釋用例，予以梳理證說，在此基礎上對同聲系內部具有親緣關係的同源字進行考辨確認。通過以上工作，試圖比較全面地揭示古文字階段漢字體系內部字際關係，分層次構建古代漢字因發展沿革而形成的廣義譜系。[73]

從上述內容可以了解此書以「聲符」作為構建形聲譜系的核心，

---

[73] 黃德寬主編：《古文字譜系疏證・前言》（北京：商務印書館，2007 年），頁 4。（為求行文之便，以下簡稱為《譜系》。）

將漢字作了廣義的譜系層次歸納。對於「童」字來說，其在「定紐童聲」的條目下有一個譜系表，如下所示：[74]

　　據該書〈前言〉說明，「同聲系各字則根據派生關係和結構層次，分別以 ⊖ ⊜ ⊜ ▽ ⊗」[75]標明。在此筆者依個人理解之見，改製如下表所示：

第一層 ⊖	第二層 ⊜	第三層 ⊜
童	僮、斅、艟、衛、瞳、蘆、董、穜、襠、鐘、贈、襌、繮、瘫	
	達	邌

　　如將上表與筆者所收錄的楚簡從「童」之形相互對照，結果如下所示：

---

[74] 黃德寬：《譜系》，頁 1191。
[75] 黃德寬：《譜系・前言》，頁 3。

	均有收錄	譜系有而筆者未收	譜系無而筆者有收
譜系	**鐘、穜、僮、戇、達、禈、繷、贖、瘑、屢、禈**	㣚、衛、朣、菫、𨕈	
筆者	**鐘、穜、僮、戇、達、禈、繷、贖、瘑、屢、禈**		㜴、𥴧、憲、糧、𨏥、獸

　　以上的對照有幾項意義：第一，如從收字的角度來看，由於《譜系》一書在編輯時「試圖比較全面地揭示古文字階段漢字體系內部字際關係」，所以收錄了甲骨文、金文、戰國五系文字、秦文字等諸多形體，而筆者在此則針對戰國楚簡中的從「童」之形進行收錄工作。第二，如從收字的截止或出版日來說，《譜系》一書出版於2007年，筆者資料庫所收楚簡字形至2014年7月。第三，《譜系》一書據聲繫連，筆者資料庫則是據形比對。第四，由於同一字形學者隸定不見得相同，因此以楷書比較其差異時，亦可能因而產生更多的歧異。雖然以上有諸多切入點的不同，但並列於此卻也彰顯了漢字形、音表述的多樣性。

　　再次聚焦回戰國楚簡文字從「童」之形的語意範疇，筆者根據所屬相關文例，歸納如下所示：

從童	類別	語意	用字
	專名	樂鐘	鐘、贖

之字語意範疇派生表			人名用字	鐘、襠
			老童（楚先祖）	僮、孀、襠
			物品名	箽
			隨葬品（明僮）	廲
			地名用字	戴
	从童派生	童	幼童	僮、躘
		幢	帷幕、幢巾	僮、襠、縫
		憧	莊敬、竦敬	僮
	从重派生	重	重視、注重	達、縫
			貴重	賮
			重要	箽
		緟（重）	重複	緟
		種	絕種	種
			種子	種
			種植	種、糧
		動	活動、啟動、發動	僮、鼓、達
		憧	遲緩	憲
	待考	腫？	腫疾	瘴（躘）
		衝、輱？	車轄	僮
		賣？	賦稅	賮
		舂？	杵舂	種

　　根據上表可見，當「童」與偏旁進行組字的行為時，其語意便開始擴大，除了繼承原來「童」字意涵之外，也產生了新的詞意，如從「重」派生的「種」，可以當名詞「種子」之意，也可以當動

詞「種植」之意，甚至出現了「絕種」的用法。藉由全面性的分析從童之字的詞意範疇，筆者以為在眾多意見當中，有部分的意項可以再進一步探討。如：有學者以為「清華簡尹至 2 號簡」的「瘇（䠆）」可讀為「腫」，作為腫疾之意，文例作「隹（惟）哉（災）虘（虐）悳（極）瘞（暴）瘇（䠆），亡箕（典）。」然而根據所屬字形及文例，筆者以為被隸定成「瘇（䠆）」的字亦可理解成「僮」形，文例可改讀為「隹（惟）哉（災）虘（虐）悳（極）瘞（暴），僮（䠆）亡箕（典）。」如此則可歸類到「童」或從「童」之字的一般用例下；又如「曾侯・簡 075-06」的「僮」字，所屬文例作「王僮車」，有學者以為可讀為「衝、轀」，然而根據考古資料判斷，此形所屬的文例屬遣策簡，如讀為「幢」則為例頗多，如此則可歸類到「童」或從「童」之字的一般用例下；又如「繥」雖讀為「賣」，可通，然讀為「重」，亦文從字順；又如「穜」雖讀為「舂」，可通，然讀為「種」，亦文從字順。

（三）「童」與從「童」之字的語意範疇

綜合字形與文例等相關材料的推論，筆者將前文各別表列的「童」及從「童」之語意範疇表，歸納如下表所示：

童及從童之字	類別	語意	用字	
	專名	樂鐘		鐘、鐘
		人名用字	童	鐘、禧
		老童（楚先祖）	童	僮、嬞、禧
		物品名		箽

語意範疇派生表			隨葬品（明僮）		屖
			地名用字		戩
	从童派生	童（僮）	幼童	童	僮、𨈬
		幢	帷幕、幢巾	童	僮、襌、繂
		憧	莊敬、竦敬		僮
	从重派生	重	重視、注重	童	達、繂
			貴重	童	贖
			重要	童	箽
		重（緟）	重複	童	緟
		種	絕種		種
			種子		種
			種植		種、糧
		動	活動、啟動、發動、引動、觸動、撼動、驚動、震動	童	僮、戲、達
		憧	遲緩		意

　　本表暫時將待考及存疑的隸定及通讀加以刪除，以明「童」及從「童」之字語意範疇的派生現象，其中值得注意的是，「重」與「種」已出現利用聲調之別進行語意的擴大派生，也可藉此證明聲調別義之說早在先秦時已出現，也可看出戰國楚國時的「童」字如何由「形」、「音」進行演「義」的過程。

四、結語

　　值得注意的是，《譜系》一書在說明完相關材料後，有一段「系原」的論述，今轉錄於此：

> 童，會以刑具刺人目使為奴之意。上古征伐掠奪，多俘獲婦女兒童以為妾、童，故引申派生出僮字以表「未冠」之義。又童字構形即有「刺」意，故派生之字戇、穜、鐘等多含有「擊」、「瞉」之意。由此又引申派生出衝、撞、撞等字表「通」、「動」之意。又有褈、繩、瘇等字表「繩益」之意。童、重古音相近，而从童、从重派生之字，有些可明歸為兩個系列：一表「擊」、「瞉」；一表「繩益」、「踵繼」。疑表前一義之字當从童得聲，表後一義之字當从重得聲（參侯部透紐束聲下）。[76]

　　根據以上說明，可以看到黃德寬等人對於「童」及从「童」的語意範疇理解。然而筆者在分析完畢與「童」形相關的甲骨文、金文、戰國楚簡字形之後，以為可再進行部分微調。結果如下所示：

> 在甲骨文時代，「童」的構形本義或有二個層面：其一，「从言東聲」的「多言幼童（童僕）」，其二，「从辛从目从人」的「男性犯童」。在金文時期，由於「童」字可能所含的構形組成份子「言、東、目、人、土、辛、見、壬」與「重」字可能所含的構形組成份子「人、東、壬」兩兩相較，會發現「重」形隱含於「童」形之中，無怪乎在金文時代，「童」形可與「重」形意符互用（亦可視為聲符互用），在寓形於義、聲多兼義、通假等文字現象中，「童」的語意範疇也就多了「重」的概念，於是乎从「重」得聲之字（如：「動」），也就加入了「童」的語意世界。到了戰國楚簡「童」與从「童」之字中，除了專名用語之外，有从童派生之字（如：「僮」、「幢」），有从重派生之字（如：「種」、「動」），語意

---

[76] 黃德寬：《譜系》，頁 1197。

範疇擴大，充分體現了語意派生過程中亂中有序的多樣化表徵。

以上見解，乃僅就甲骨文、金文、楚簡中「童」與从「童」之字的分析，尚未擴及甲骨文、金文、楚簡中「重」與从「重」之字，以及戰國時期其他四系「童」與从「童」之字的文字現象。雖然有所不足，但至少可以根據這樣的原則與觀點，作為將來面對更多新的材料時的判斷規準，也就能夠更快速地掌握文獻資料的正確性。

附錄：楚簡「童」形的語意範疇一覽表

出處	原考釋釋文	童的語意範疇	
上博・詩論・簡10	害曰童而皆臤於丌（其）初者也。	動	1.「童」，「動」也。（筆者按：或為引動、觸動） 2.「童」讀為「動」，概指人生行為。
		重	3.「童」，讀為「重」，重複也。 4.「童」讀為「重」，當訓為「善、貴」。
		誦	5.「童」應為「誦」字的通假，誦（頌）讀也。
		童	6.「童」作為名詞，即「童子」，少年的意思。
上博・子羔・簡02	孔=（孔子）曰：鈴也，夵（夋、俊、舜）皆（來）於童土之田，則……	童	「童土」，原考釋以為「荒蕪之土」。
		動	筆者按：此處「童」讀為「動」似較「荒蕪」為佳。

上博·子羔·簡03	……之童土之莉（黎）民也。	童	「童土」，原考釋以為「荒蕪之土」。
		重	筆者按：此處「童」讀為「動」似較「荒蕪」為佳。
上博·容成氏·簡21	飤（食）不童（重）眛（味）	重	「童」讀為「重」，多重、重複、多樣之意。
			筆者按：根據以上說法，「童」讀為「重」，多重、重複、多樣之意。然而有沒有可能讀為「重」，注重、重視之「重」？如：「重」口味；這樣的「重」也有「多重」的概念在裡頭。
上博·季庚子·簡05	則邦又槶（姦）童（動）	動	姦動
			筆者按：讀「姦動」不如讀為「撼動」，亦文從字順。據此，「童」，動也。
上博·季桓子·簡15	君子死（恆）吕（以）衆福，句（後）拜四方之立（位）吕（以）童（動）。	動	筆者按：可從。
		童	「童」為無知之義。

上博·鄭壽·簡 01	競坪（平）王𩫖（就）奠（鄭）壽，䌛（繇）之於𡱒（宗）宙（廟），曰：「𥚚（禍）敗囙（因）童於楚邦，懼𥜽（鬼）神，㠯（以）取𡚸（怒），……	重	筆者按：「童」字在楚簡用字當中，似乎不曾當作「無知之意」。在此處宜讀為「重」，此句宜解讀為：禍敗對於楚邦而言是慎重（重要）的一件事。
上博·吳命·簡 01	先=（先人）又（有）言曰：「馬𨡪（將）走，或童（動）之，速𦍒（仰）。」	動	原考釋將「童」讀為「動」，引動、觸動之意。筆者按：可從。
上博·成王·簡 15	童（重）=光=亓（其）昌也，可𦐊（旗）而寡也，此六者皆逆。	重	原考釋以為「童」通「重」，「重複」之意。 筆者按：有無可能直接讀為「重」，注重之意？
上博·成王·簡 15	民皆又（有）夬廌之心，而或（國）又（有）相串割之志，是胃（謂）童（重）=	重	原考釋以為「童」通「重」，「重複」之意。 筆者按：有無可能直接讀為「重」，注重之意？
		重	原考釋云：「童」與「重」通，借為「踵」。

上博·陳公·簡14	……童（踵）之於遂（後），吕（以）厚王쪽（卒）。	動	筆者按：「童」讀為「動」即可，從上下文來看，簡13「鼓以進之，鑿以止之，跦濂動之於後，以厚王卒。」亦文從字順。
上博·舉治·簡32	二曰：壆（禹）奉柰（舜）童（重）惪（德），攼（施）于四或（國），	重	筆者按：原考釋可從。應為注重、重視之意。
清華·芮良·簡06	【卑（譬）之若】（簡5）童（重）載以行隄（崝）險	重	原考釋逕讀為「重」。筆者按：可從，「重」為輕「重」之「重」。語譯如下：就好像負載很重的車輛行走在峭險的山崖旁，……
清華·祝辭·簡03	引虘（且）言之，童（同）以心，以（撫）号（額），襏（射）戎也。	同 動	原考釋以為：「童」，讀為「同」。 筆者按：此處「童」亦可讀為「動」，驚動、震動之意。
清華·祝辭·簡04	引虘（且）言之，童（同）以目，以（撫）号（額），襏（射）禽也。	同 動	原考釋以為：「童」，讀為「同」。 筆者按：此處「童」亦可讀為「動」，驚動、震動之意。
清華·祝辭·簡05	引虘（且）言之，童（同）以哉（肰），以（撫）号（額），襏（射）音（函）也。	同 動	原考釋以為：「童」，讀為「同」。 筆者按：此處「童」亦可讀為「動」，驚動、震動之意。

郭店·窮達·簡 11	童（動）非為達也	動	童，動也。
郭店·尊德·簡 39	童（重）義蕖（集）鲞（理），言此章也。	重	童，重也。（注重、重視之重）
郭店·語四·簡 14	胃（謂）童（重）基	重	童，重也。（注重、重視之重）
包山·簡 034	八月辛巳之日，郴𡎚之𨝨敔公周童耳受期	重	重，重複也。周童耳，人名。
包山·簡 039	八月己丑之日，付𡎚之𨝨敔公周童耳受期	重	重，重複也。周童耳，人名。
包山·簡 180	申𠈃𡲈 少童羅角	童	筆者按：少童二字如連讀，則來用補允說明「羅角」。據此，少童之「童」或為未成年的小孩。
包山·簡 276	霝光之童	幢	筆者按：此簡為遣策簡，故「童」讀為「幢」，文從字順。
包山·牘 1 背	一口綼，組綏，番芋之童	幢	筆者按：此簡為遣策簡，故「童」讀為「幢」，文從字順。
新蔡·甲三·簡 035	☐【老】童、祝䮣（融）、穴熊芳（？）屯一☐	童	楚先祖，專名。

新蔡·甲三·簡188、簡197	塈 禱楚先老童、祝 鼺（融）、祝（鬻）酓（熊），各兩痒（牂）	童	楚先祖，專名。
新蔡·零·簡234	☒ 童首已（以）眠（文）電為☒	待考	筆者按：此簡前、後均殘，不易判斷「童」字用法，待考。
新蔡·零·簡429	☒ □老童☒	童	楚先祖，專名。
帛書·乙·行08	毋童群民	動	筆者按：此處據陳嘉凌博論意見，將「童」讀為「動」。
望山·M1·簡122	□老童	童	楚先祖，專名。
望山·M2·簡06	丹至 緧之兩童	幢	筆者按：此簡為遣策簡，故「童」讀為「幢」，文從字順。
望山·M2·簡09	夋 組之童（原考釋）	幢	筆者按：此簡為遣策簡，故「童」讀為「幢」，文從字順。

望山・M2・簡 12	霝光之童（原考釋）	幢	筆者按：此簡為遣策簡，故「童」讀為「幢」，文從字順。
望山・M2・簡 13	霝光之童（原考釋）	幢	筆者按：此簡為遣策簡，故「童」讀為「幢」，文從字順。
望山・M2・簡 49	九亡童……四亡童……三亡童……二亡童	童	木俑，明器。筆者按：或為「僮僕」的概念。

第二節　今文字的漢字分析

　　小篆為古文字發展最後一個階段，隸變之後開啟了今文字的時
代，漢代以隸體作為代表，然而與此同時，草、行、楷諸體也應運
而生，隨著時代遞嬗，唐代楷書已臻成熟，從此主宰漢字的主流結
構，其間或有變異，但並未造成太大的識字困擾。雖是如此，還是
有其可究的文字演變歷程。以下僅就林尹先生《景伊詩鈔》對於
「温」字的楷體構形現象進行分析。

壹、林尹先生《景伊詩鈔》的用字現象：從「温」字的楷體規範過程談起

　　林尹先生（1909-1983）《景伊詩鈔》[77]一書，包含了「七律」、
「七絕」、「五律」、「五絕」、「五古」、「聯句」、「歌辭」、
「詩餘」等不同體裁的詩歌創作；在內容的表現上，有時事應景之
作，有弔唁親友之言，有贈答師生之情，有明心見性之志；無一不
真，無辭不達。筆者近日有幸拜讀，在閱讀的過程中，特別留意到
詩作的工整書跡，再往書後一翻，發現了陳新雄先生（1935-2012）
的書後跋文，其中有一段話寫著：

> 師見余所寫字不潦草，乃欣然將全集付余手寫俾影印出
> 版，……癸亥（1983）秋，余以先師遺稿呈先師同門摯友潘
> 師石禪、高師仲華、華師仲麐過目，蒙三師校正譌筆，並製
> 序言。

根據以上所引內容，可知詩鈔所呈現的手鈔文字，並非林尹先生親

---

77 林尹：《景伊詩鈔》，臺北：學海出版社，1984 年。

筆書寫，而是經由陳新雄先生手鈔而成。綜觀《景伊詩鈔》全書筆跡內容，「寫字不潦草」只是自謙之詞，其實字體端正，工整斂飭，處處可見用心之勤。值得注意的是，部分形體用字與今日臺灣的正體字（標準字）形體並不相同。其中「溫」字的使用，尤令筆者眼睛為之一亮，因為筆者在初學漢字的國小階段，學寫的字形是「溫」而非「溫」，只是忘記從什麼時候開始，只寫「溫」而不寫「溫」了。因為這樣的緣故，看到陳新雄先生手鈔的「溫」字，心中頓時「溫」暖了起來，也由此起了心、動了念，想要好好了解「溫」與「溫」之間到底有著什麼樣的深層關係。

　　如果單從表層關係來看，楷體的溫、溫二字是異體關係，臺灣用的正體字選擇了「溫」，中國大陸、日本則選擇了「溫」[78]。那麼它的深層關係呢？第一個是漢字使用的地域異差性，第二個是不同地域選擇的標準不見得相同，第三個是不同地域選擇的標準是什麼，第四個是它的選擇標準依據為何。本文基於以上幾個問題點的提出，擬藉由疏理「溫（溫）」字隸變以後歷時與共時的形體流變，重新再一次的「溫（溫）」習舊字。

一、重「溫」《景伊詩鈔》

　　林尹先生《景伊詩鈔》於民國 73 年（1984）出版，詩作中所使用的「溫」字共出現八次，如下所示：

---

[78] 黃詣峰在其碩士論文《簡體字在臺灣的發展及其對中學國文教學的影響研究》後面的「附錄二」，做了「臺中日共通標準字體對照表」，字頻序「760」列有「溫」（臺灣正體字《國字標準字體宋體母稿》及《異體字字典》所列「正字」者）、「溫」（中國大陸《簡化字總表》）、「溫」（日本《常用漢字表》）。（參見黃詣峰：《簡體字在臺灣的發展及其對中學國文教學的影響研究》，國立臺灣師範大學國文學系碩士論文，2013 年 6 月，頁 212。）

*溫樹*而今榮祕省（〈漁叔五十生日以詩贈之〉）[79]
危時笑語尚*溫馨*（〈攜酒至淡水河邊與默老漁叔惕軒夜語用
絜生韻〉）
相逢談笑共*溫馨*（〈次韻張作梅卜居詩二首〉）
一夜*溫涼*寒暑更（〈自新加坡飛抵羅馬〉）
笑語*重溫*憶昔年（〈甲寅秋月壽李俠廬七十〉）
攜手*重溫*會有期（〈贈某君〉）
羅衾*溫夢*共金釵（〈戲贈方大〉）
笑語得*重溫*（〈贈李翼中〉）

就構詞的角度來看，「重溫」用了三次，「溫馨」用了二次，
「溫涼」、「溫夢」、「溫樹」各用了一次。所謂「重溫（重温）」，
「教育部國語辭典簡編本」[80]與「教育部重編國語辭典修訂本」[81]
均未收錄；《漢語大詞典》[82]則收錄了這個構詞。又，重編本與《漢
語大詞典》另收錄了「重溫舊夢（重温旧梦）」與「重溫舊業（重
温旧业）」這二個詞，為一清眉目，茲將釋義及例句轉引如下表所
示：

構詞	《簡編本》	《重編本》	《漢語大詞典》
重溫（重温）	查無資料	查無資料	*指對往事的重新回憶*。元·喬吉《集賢賓·詠柳

---

[79] 陳新雄先生在〈景伊師論律詩對做體及其實踐〉一文中曾引用此句，刊行文字
形體作「溫樹」而非「溫樹」。（參見陳新雄：〈景伊師論律詩對做體及其實
踐〉，《林尹教授逝世十週年學術論文集》，1993 年 6 月，頁 8。）

[80] 教育部，「教育部國語辭典簡編本」網站，網址：http://dict.concised.moe.edu.
tw/jbdic/index.html。為求行文方便，以下簡稱為《簡編本》。瀏覽日期：2017
年 9 月 11 日。

[81] 教育部，「教育部重編國語辭典修訂本」網站，網址：http://dict.revised.moe.
edu.tw/cbdic/index.html。為求行文方便，以下簡稱為《重編本》。瀏覽日期：
2017 年 9 月 11 日。

[82] 羅竹風主編；漢語大詞典編輯委員會，漢語大詞典編纂處編纂：《漢語大詞典》，
上海：漢語大詞典出版社，1988-1994 年。

			憶別》套曲:「只要你,盼行人,終日替我凝眸;只要你,重溫灞陵別後酒。」[83]
重溫舊夢(重溫旧梦)	*回憶或重新經歷往日的情景。* 例:我們打算到初相識的地方,二度蜜月,重溫舊夢。	1.*回憶或重新經歷往日的情景。* 如:「為了重溫舊夢,我決定舊地重遊。」亦作「舊夢重溫」。 2.*與失和或失去連絡的舊故,再次聚首,重修舊好。* 如:「與失散多年的老友重溫舊夢,是我最盼望的事。」亦作「舊夢重溫」。	*比喻重新經歷或回憶過去的事情。* 巴金《關於〈家〉》:「你不曾做過這些事情的見證,但是你會從別人的敘述裏知道它們。我不想重溫舊夢,然而別人忘不了它們。」[84]

---

[83] 《漢語大詞典》,頁 14358。
[84] 《漢語大詞典》,頁 14358。

| 重溫舊業（重溫旧业） | 查無資料 | ***重做以前曾經做過的事。*** 宋·陳亮〈謝留丞相啟〉：「亮青年立志，白首奮身，敢不益勵初心，期在重溫舊業。出片言而悟明主，尚愧故人。」或作「重理舊業」。 | ***謂再做以前曾做的事。*** 宋·陳亮《謝留丞相啟》：「亮青年立志，白首奮身，敢不益勵初心，期在重溫舊業。」亦作「重理舊業」、「重操舊業」。[85] |

根據上表，可見「重溫」、「重溫舊夢」、「重溫舊業」的釋義概念有所重疊，或可簡化如下圖所示：

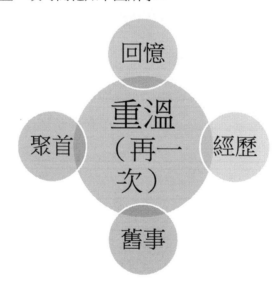

綜上所述，林尹先生「笑語重溫憶昔年（〈甲寅秋月壽李俠廬七

---

[85] 《漢語大詞典》，頁 14358。

十〉）」、「攜手重溫會有期（〈贈某君〉）」、「笑語得重溫（〈贈李翼中〉）」，似乎也都隱含著「回憶、經歷、舊事、聚首」的概念在裡頭。至於「羅衾溫夢共金釵（〈戲贈方大〉）」一語中的「溫夢」，或可理解為「重溫舊夢」，果真如此的話，「重溫」的概念在八次裡共使用了四次（包含「溫夢」），佔了百分之五十的使用頻率。

　　另外，詩作中「溫馨」一詞共出現兩次，分別是「危時笑語尚溫馨（〈攜酒至淡水河邊與默老漁叔惕軒夜語用絜生韻〉）」及「相逢談笑共溫馨（〈次韻張作梅卜居詩二首〉）」，所謂「溫馨」，簡編本及重編本皆釋義為「親切溫暖」，《漢語大詞典》則釋義作「溫暖馨香」[86]；對於「馨」的見解雖有部分歧義，但就「溫」字而言，均理解為「溫暖」的概念，這點卻有一定的共識存在。

　　至於「溫涼」一詞，林尹先生在詩作中只用了一次，這個用法未見於簡編本與重編本，《漢語大詞典》有收，解釋如下：

　　1.冷和暖。多指氣候。晉·陶潛《閑情賦》：「嗟溫涼之異氣，或脫故而服新。」《詩·鄭風·野有蔓草》「零露漙兮」唐·孔穎達疏：「仲春仲秋俱是晝夜等、溫涼中。」《兒女英雄傳》第三五回：「便見他一雙手高高兒的舉了一碗熬得透，滾得到不冷不熱、溫涼適中，可口兒的普洱茶來。」2.寒暖。借指生活情況。《文選·陸機〈門有車馬客行〉》：「拊膺攜客泣，掩淚敘溫涼。」呂向注：「敘別離之歲月。」《魏書·胡叟傳》：「祖思習常，待叟不足，叟聊與敘溫涼，拂衣而出。」唐·段成式《酉陽雜俎·冥跡》：「什遂前，入就床坐。其女在戶東立，與什敘溫涼。」清·蒲松齡《聊齋志異·王蘭》：「其友張姓者，聞而省之，相見，話溫涼。」[87]

86　《漢語大詞典》，頁 7928。
87　《漢語大詞典》，頁 7928。

林尹先生在〈自新加坡飛抵羅馬〉詩作中，「一夜溫涼寒暑更」後文接著「昨日南洲炎似火，今朝歐陸雪盈城。」「南洲」應指「新加坡」，「歐陸」應指「羅馬」，因搭乘飛機由火炎的新加坡到盈雪的羅馬，由此可知「溫涼」一詞，根據以上的說明，似乎比較偏向具備氣候概念「冷和暖」的用法。

至於「溫樹」一詞，林尹先生在詩作中也只用了一次。所謂「溫樹」，簡編本與重編本皆無收錄，《漢語大詞典》有收，解釋如下：

溫樹，同「溫室樹」。《藝文類聚》卷五五引南朝・梁・王僧孺〈詹事徐府君集序〉：「自綢繆軒陛，十有餘載，溫樹靡答，露事不訓。」前蜀・貫休〈和韋相公見示閒臥〉：「祇聞溫樹譽，堪鄙竹林賢。」宋・范仲淹〈上張侍郎啟〉：「兔苑風移，愛甘棠而益茂；龍池天近，著溫樹之重芳。」[88]

至於在「溫室樹」條，解釋如下：

1.《漢書・孔光傳》：「光周密謹慎，未嘗有過。沐日歸休，兄弟妻子燕語，終不及朝省政事。或問光：『溫室省中樹何木也？』光嘿不應。」後以「溫室樹」泛指宮廷中的花木。唐・白居易〈和春深〉之七：「慣看溫室樹，飽識浴堂花。」宋・王禹偁〈謫居感事〉詩：「繁陰溫室樹，清吹萬年枝。」亦借指宮禁中的事。清・曹寅〈渭符侄過慰有作便道至白下〉詩：「慎言溫室樹，嘉遯碧山阿。」2.指帝京。唐・劉禹錫〈和浙西大夫偶題臨江亭並元相公所和〉：「一辭溫室樹，幾見武昌柳。」[89]

根據以上的說法，「溫室樹」有二義：一是「泛指宮廷中的花

---

88 《漢語大詞典》，頁 7923。
89 《漢語大詞典》，頁 7923。

木」或「借指宮禁中的事」，二是「指帝京」。然而這樣的「溫室樹」（或「溫樹」）釋義，似乎與林尹先生詩作中「溫樹而今榮祕省（〈漁叔五十生日以詩贈之〉）」所言的「溫樹」有一點距離。「查字網」在「溫」字條下，對於「溫」當形容詞的用法裡，其中有一項是「用於敬稱和祝頌之辭」，下面舉例提到了「溫樹不言（居官謹慎的贊語）」[90]，而「漢語網」對於「溫樹」的釋義或總結上引材料，如下所示：

> 溫樹，同「溫室樹」，語出西漢御史大夫孔光的一則典故，後人用作居官謹慎的贊語。[91]

查看戴麗珠教授〈李漁叔教授的詩學與學術貢獻〉一文，文後附有〈李漁叔教授傳記〉，李漁叔先生（1905-1972）享年 68 歲，而林尹先生在其 50 歲時贈詩給他，可知李漁叔先生 50 歲時為民國 43 年（1954），正符合〈傳記〉中所記：

> 民國三九年四月至四三年五月任職行政院秘書
> 民國四三年六月至五四年六月任職總統府秘書[92]

換言之，林尹先生詩作「溫樹而今榮祕省」，便是說明李漁叔先生由於居官謹慎（「溫樹」），因而能更上層樓，由行政院秘書改任總統府秘書一職（「榮祕省」），由此看來，林尹先生藉由「溫樹」

---

[90] 「查字網」，網址：http://www.chaziwang.com/show-16174.html。瀏覽日期：2017 年 9 月 11 日。

[91] 「漢語網」，網址：http://www.chinesewords.org/dict/187649-92.html。瀏覽日期：2017 年 9 月 11 日。

[92] 戴麗珠：〈李漁叔教授的詩學與學術貢獻〉，《漢學研究之回顧與前瞻國際學術研討會論文集》，2006 年，頁 29。網址：http://ch.ntnu.edu.tw/files/archive/603_cd52d19d.pdf。瀏覽日期：2017 年 9 月 11 日。

一詞讚美李漁叔先生，可謂用典十分貼切。

　　藉由以上對於「重溫」（三次）、「溫馨」（二次）、「溫涼」
（一次）、「溫樹」（一次）、「溫夢」（一次）這些構詞的分析，
如果再進一步細分「溫」的單詞用法，或可得到「溫暖」（溫馨、
溫涼、溫樹）與「溫習」（重溫、溫夢）的基層概念。換言之，林
尹先生對於「溫」字的字義用法，在詩作中共用了「溫暖」、「溫
習」二義。[93]

二、温、溫之異：兼論臺灣漢字使用及規範的現象

　　筆者前面探討林尹先生詩作的「溫」字使用現象，在查找資料
的過程當中，最明顯的差異性是：臺灣地區建構的字典相關網站所
使用的是「溫」字，中國大陸地區所使用的則是「温」字。產生兩
岸使用字形的差異現象，背後的主要原因，應是兩岸在漢字規範化
時的基本態度與標準有所不同。黃詣峰在《簡體字在臺灣的發展及
其對中學國文教學的影響研究》一文，對於臺灣地區漢字使用狀況
做了簡單明瞭的歷史背景說明：在明清之際有大批中國大陸渡海來
臺發展的移民，除了帶來原生地區的文化，也帶來各種漢字材料；
其後清廷於康熙 26 年（1687）在臺灣開辦科舉考試，直至光緒 21
年（1895）將臺灣割讓給日本，這二百多年的漢文教育，亦有一定
程度的漢字傳播及影響力；隨著日本對待臺灣的態度有所轉變，在
大正十二年（1923）採用了「內地延長主義」，將原先在日本施行
的《常用漢字表》也推行在臺灣的學校教育裡；二次大戰結束後，
中華民國國民政府來臺，對於漢字的使用概念，似乎依舊保持民國
25 年（1936）2 月 5 日時行政院對教育部的訓令：「簡體字應暫緩

---

[93] 簡編本「溫」字共有六義，重編本「溫」字共有七義，《漢語大字典》（頁 1
795-1796）「温」共有十二義。

推行」這種態度。[94]或許因為執政當局的觀念如此；或許因為繁、簡漢字的探討在臺灣地區學者觀念中，繁體漢字比起簡體漢字能保存更多的漢字構形意涵。陳新雄先生在〈百年身世千年慮之林尹教授〉一文裡提到：

> 先生[95]維護中國文字與中國文化，不遺餘力……如文字遭破壞，則斷絕文化之命脈。……乃與好友生徒共組中國文字學會，先生被推為理事長，以維護固有文字為己任。猶記民國六十年代（七十年代）初，先生受教育部之委託，整理中國文字，研定國字標準字體，先生乃約余及同門李殿魁君共商其事，余以整理中國文字，釐定標準字體，茲事體大，而教育部僅撥些微經費（當時僅新臺幣十二萬元），吃力不討好，心有難色，不欲參加。先生憤然曰：「爾不從事，天下非少爾一人，他日教育部倘聘不識文字條例者整理文字，釐定字體，然後頒佈施行，爾豈非仍得遵守乎！」余懍於先生之教誨，遂邀集先生生徒，在先生指導下，調查、整理、分析、討論，終於制定《常用國字標準字體表》、《次常用國字標準字體表》、《罕用國字標準字體表》，分別經教育部頒佈各界遵行。今臺灣中文電腦字體亦得統一，此皆先生卓識有以致之。[96]

根據以上內容，可以得知林尹先生受了教育部委託進行中國文字的整理及研究國字標準字體，而陳新雄先生在這項工作中亦曾參與其事。相關文字整理歷程及成果，表列如下所示：[97]

---

[94] 以上意見論述，摘錄自黃詣峰：《簡體字在臺灣的發展及其對中學國文教學的影響研究》，頁 5-7。

[95] 按：此指林尹先生。

[96] 陳新雄：〈百年身世千年慮之林尹教授〉，《林尹教授逝世十週年學術論文集》，1993 年 6 月，頁 540。

[97] 本表資料，主要參考自教育部《常用國字標準字體表（初稿名國民常用字表）》（1978 年 5 月 20 日印行）及曾榮汾先生：〈林景伊先生於當代文字整理之功〉，《紀念瑞安林尹教授百歲誕辰學術研討會論文集（上）》（臺北：文史哲出版

時間	成果
民國 62 年（1973）1 月 15 日	教育部社會教育司正式委託師大國文研究所負責研訂國民常用字及訂定標準字體
民國 64 年（1975）	教育部社教司編印《國民常用字表初稿》（總計 4709 字）
民國 67 年（1978）5 月 20 日	重新修訂《國民常用字表初稿》（總計 4808 字），定名為《常用國字標準字體表》
民國 68 年（1979）	修訂《常用國字標準字體表》其中的 137 字，同年 8 月 1 日，改版為《常用國字標準字體表（訂正本）》，由教育部公告試用三年，期滿修訂後正式頒布使用
民國 71 年（1982）9 月 1 日	正式公告《常用國字標準字體表》（總計 4808 字），俗稱「甲表」
民國 71 年（1982）10 月	教育部印行《次常用國字標準字體表》（總計 6332 字），俗稱「乙表」
民國 72 年（1983）10 月	教育部印行《罕用國字標準字體表》（總計 18388 字），俗稱「丙表」
民國 73 年（1984）3 月	教育部印行《異體字表》（總計 18588 字），俗稱「丁表」
民國 76 年（1987）3 月	教育部委託師大國文所修訂「乙表」
民國 80 年（1991）	教育部委託華康科技公司製作《常用字表》及《次常用字表》各字的楷體、宋體、黑體、隸

社，2009 年 12 月），頁 242-247。

	體等電腦母稿，以供資策會編輯中文內碼交換碼（CNS11643）參考
民國 82 年（1993）6 月	華康科技公司受教育部委託所製作的楷書及宋體字母稿順利完成，教育部進而公布《國字標準字體楷書母稿》共 11151 字（包含常用字 4808 字、次常用字 6343 字），以及《國字標準字體宋體母稿》（包含常用字 4808 字、次常用字 6343 字、罕用字 3405 字、異體字 2455 字、附錄 255 字）
民國 83 年（1994）7 月	教育部編訂《標準字體教師手冊》，供教育界教學參考
民國 84 年（1995）	教育部成立《異體字字典》編輯委員會
民國 90 年（2001）6 月	完成教育部《異體字字典》（正一版），至民國 93 年（2004）更新至正式五版，其中正字 29892 字，異體字 76338 字（含待考之附錄字）

　　根據上表所列文字整理的過程來看，就紙本刊物的印刷過程及出版時間而言，是否受到教育部規範的時間點，應該是民國 68 年至 71 年這段時間，為了證明這項推測，筆者翻查教育部編印國民小學國語課本中「溫」、「溫」的文字使用狀況，結果如下所示：

時間	課本內容	版權頁說明
民國 45 年（1956）8 月暫用本（民國 47 年（1958）8 月修訂暫用本），此時使用「溫」形。		
民國 59 年（1970）8 月初版（民國 67 年（1978）8 月 9 版）此時「溫」形出現在課本第五冊第四課，但編審委員中出現了「溫」姓。		
民國 69 年（1980）8 月初版（民國 70 年 8 月再版），此時「溫」形出現在第五冊（三上）第九課。		

民國68年（1979）8月7版及民國70年（1981）8月改編本再版的國民中學國文科教科書第一冊，編審委員為「溫」姓而非「溫」姓。		
民國68年（1979）8月5版的國民中學國文科教科書第五冊，編審委員為「溫」姓而非「溫」姓。		

　　就國小教科書來看，民國67年（1978）8月9版的第五冊（三上）第四課〈只要您早回家〉以及民國70年（1981）8月再版的第五冊（三上）第九課〈我是中國人〉，課文用字為「溫」形；但是民國67年（1978）8月9版的國小國語課本後的編審委員則以「溫」姓出現，民國68年（1979）8月的國中國文課本後的編審委員亦以「溫」姓出現。換言之，民國67年（1978）至民國70年左右的課本用字，正處於《常用國字標準字體表》的修訂狀態，雖然開始要統一用字，但是或多或少存在著文字異體互用的現象，「溫」、「溫」正是如此。

再從這個角度來看《景伊詩鈔》一書，它的出版時間在民國7 3年（1984），負責手鈔的是陳新雄先生，其亦參與了整理文字的工作。在民國71年（1982）正式公布的《常用國字標準字體表》裡，乃定「溫」為標準字，按理說陳先生以極其工整的楷書進行手鈔工作，應以標準字「溫」為首選字形，然而《詩鈔》裡的八個「温」形都不作「溫」形，筆者個人主觀的臆測：除了林先生詩作原稿本寫著「温」形，而陳先生不做文字更動的這個可能性外，那麼就是陳先生在就學時期的習字過程中，「温」或為當時的標準字，由於歷經了幾十年的書寫習慣，要將「温」形改寫為「溫」形，不見得是一件容易的事。或許因為如此，在《常用國字標準字體表》公布後的二年（1984），手鈔《景伊詩鈔》時依舊擇用了「温」而非「溫」。

三、隸變後的温與溫

文字演變過程中，從篆至隸的過程多半被學者們稱之為「隸變」。從篆體的圓轉之筆改而為方折的筆畫，讓漢字構形產生極大的變化。趙平安先生《隸變研究》一書裡，對於隸變名實的理解，提出了四個面向：一、隸變始於秦文字；二、隸變始於戰國中期；三、隸變是小篆到隸書的演變；四、隸變的下限在今隸。[98]當解散篆體而為隸體之後，草、行、楷諸體也就在隸體的基礎上應運而生。近日各式工具書或網站蒐羅資料豐富且多有可信度，對於隸變後的碑刻字形資料，如：毛遠明先生在2014年5月出版了《漢魏六朝碑刻異體字典》[99]一書，根據「博客來」網站的介紹，此書「搜集了1416種漢魏六朝碑刻拓片，經過認真釋讀、考辨、整理，提取出其中的全部異體字，與其他出版物相比，它材料的真實性更強，

---

[98] 趙平安：《隸變研究》，北京：河北大學出版社，1993年6月，頁7-10。
[99] 毛遠明：《漢魏六朝碑刻異體字典》，北京：中華書局，2014年5月。

所有字形一律以碑刻拓片、照片上的文字為依據，所取異體字字樣，一律使用剪切的文字。」[100]至於歷代傳世字書的字形材料，教育部「異體字字典」網站可謂海內外首屈一指，它的網站改版首頁但言「本字典為總整漢字字形的大型資料庫」[101]，言簡意賅，直指成就之所在。至於楷體電腦字型的部件分析，以臺灣大學中國文學系、中央研究院歷史語言研究所、資訊科學研究所、數位文化中心共同開發的「小學堂」網站[102]做得最好。以下筆者暫由上述這些資料進行「溫」與「温」的分析與說明。

　　根據「小學堂」網站，如以「昷」進行部件查詢，所得結果如下所示：

共搜尋到43字／1頁，每頁50字；每列 10 ▼ 字，每頁 5 ▼ 列，字形大小： 36 ▼ 點

昷	暚	溫	愠	瓬	蝹	萫	蘊	縕	緼
31666	31827	32486	37106	40199	42336	45926	46380	47425	47426
趨	靈	韞	鰮	疊	鎾	壼	盈	磈	穩
47991	52609	56865	59242	60019	62536	65108	69813	70247	75867
�	聢	盦	瑥	喗	韢	韥	蒀	驅	鄏
77393	78406	79387	81238	82313	83580	84618	85416	85567	85568
鹼	縼	艎	蕰	蘁	媼	廗	癟	愪	薀
85569	89366	90012	90044	90096	90618	91404	91769	93348	93637
鑂	羦	榲							
94329	95411	96242							

(點選字形可取得字形編輯資訊，點選字號可連結至小學堂各資料庫。)
中央研究院歷史語言研究所、資訊科學研究所共同開發

[100] 博客來網站，「《漢魏六朝碑刻異體字典（上下）》書評」，網址：http://www.books.com.tw/products/CN11144858。瀏覽日期：2017 年 9 月 11 日。

[101] 教育部，「異體字字典」，網址：http://dict2.variants.moe.edu.tw/variants/rbt/home.do。瀏覽日期：2017 年 9 月 11 日。

[102] 臺灣大學中國文學系、中央研究院歷史語言研究所、資訊科學研究所、數位文化中心共同開發，「小學堂」，網址：http://xiaoxue.iis.sinica.edu.tw/。瀏覽日期：2017 年 9 月 11 日。

如以「盌」進行部件查詢，所得結果如下所示：

共搜尋到50字／1頁，每頁50字；每列 10 ▼ 字，每頁 5 ▼ 列，字形大小：36 ▼ 點

塭	媼	愠	溫	氲	瘟	醖	蘊	嗢	搵
2972	2983	3009	3083	3505	3931	4679	5100	8505	8619
殟	熅	膃	縕	螠	褞	薀	貆	輼	鞰
9366	9419	9552	10698	10776	10788	11200	11293	11306	12063
韫	瑥	榅	暚	馧	氉	盌	稐	瓲	瓸
12077	28863	29437	31868	33312	34419	39287	39836	40205	40206
鰮	蓝	轀	鄆	闓	闔	闠	骪	饂	駆
44096	46063	48449	50322	54527	54621	54622	55720	56454	57543
麀	鹽	鰛	薀	韞	躎	輼	猠	擨	蘟
58002	58048	59241	77184	78172	78697	81263	81658	83228	92144

(點選字形可取得字形編輯資訊，點選字號可連結至小學堂各資料庫。)
中央研究院歷史語言研究所、資訊科學研究所共同開發

根據以上材料，可以看見在楷體的構形中，具有「昷」或「盌」形的部件者共有 93 字，也可以看到「昷」、「盌」在構字時的偏旁組成樣態。此外，藉由這些材料，在查找字書過程中可以幫助我們減少蒐集材料的時間，具有極大的使用便利性。

（一）《漢魏六朝碑刻異體字典》中與「昷」相關的字形分析

藉由「小學堂」網站的楷體字形輔助，筆者在查找《漢魏六朝碑刻異體字典》時，發現共有「溫、輼、氲、熅、愠、薀、縕、醖、蘊、鞰」等 10 個字頭；其中「愠」形下收有「薀」形，合計 11 個與「昷」相關的字形。字頭下收錄了漢魏六朝碑刻字形，由於碑刻圖版資料為數不少，在此筆者先行整理與字形直接相關的資訊。大

體來說，「昷」形上方多半從「日」形或從「囚」形，另有少數其他構形以及形體不夠清楚者。表列如下所示：

字頭	昷形上方的構形	編號										合計
溫	日	0511	0197	0338	0359	0367	0398	0479	0398	0509	0513	14
		0656	0576	1395	0663							
	囚	0829	0879	1240								3
	內	0096										1
	冃	1306										1
	不清	0063	0172	0482	0671	0797	1029	0570	0943			8
輼	日	0493	0491	0570	1285							4
	囚	1007										1
氳	日	0570	1164	0730	1284	0612	1060					6
	不清	1037										1
熅	囚	0117										1
	不清	0116										1
	日	0602	0125	0669	1102							4

慍	囚	0822	0874							2
薀	日	0340								1
蘊	日	0569	0553	1160	0375	0641	0725	1404		7
	囚	0886								1
	不清	1387	0813							2
緼	日	1210	1236	0693	0860					4
	不清	1086								1
醖	日	1236								1
薀	日	1097	1062	1118	1400	0565	0448			4
	囚	1069								1
	不清	0772	0232							2
韞	日	0432	0573	1387	0342	0201				5
	囚	0098								1

以上表列，總計如下所示：

總計	从「日」形		51
	从「囚」形		9
	从「內」形		1
	從「ㅂㅓ」形		1
	不清者		15

　　根據前述的量化結果，將構形不夠清楚的字暫且先不考慮的話，可以得知在隸變以後的隸楷字形，將「昷」形上方寫作從「日」形與從「囚」形的比是 51：9；換言之，寫成「日」形比寫成「囚」形大約多了五倍左右，所以可以大膽的說，在漢魏六朝時的碑刻字形裡，「昷」形上方寫成「日」形是比較常見的構形寫法。

　　另外，在《漢魏六朝碑刻異體字典》裡，單就「溫」字來看，圖版內容如下所示：[103]

103　由於原書收錄的「溫」形分列二欄，筆者在此合併成單欄樣貌，並未進行其他修圖工作。詳參毛遠明：《漢魏六朝碑刻異體字典》，頁 928。

該書除了提供異體字形表，在字形下方進一步提供這些字形所屬的
語義分析，共得出漢魏六朝碑刻所使用的「溫」具有六個義項：一、
暖和；使變暖和。二、溫和；溫柔。三、溫習。四、地名。五、姓
氏。六、人名。[104]

　　回到字形本身來看，根據以上截圖，可以看到在碑刻字形下有
一組編號，其〈凡例〉提到：「楷書字頭下的異體字包括篆書、隸
書、楷書等字體，均為掃描圖片剪切，每個字形下方均標明碑刻拓
片編號（見《碑刻拓片目錄》[105]）、拓片數、行數（誌蓋、首題行
數前加「M」，以與碑誌正文相區別，如 ▨ ▨ ）、行第幾字等，
以便讀者查檢、核對。」[106]因此，如以「溫」字下第一行第一字來
說：

0511-0-12-12

0511-0-12-12：指的是《碑刻拓片目錄》第「0511」號，「元引墓
誌」（正光四年（523）二月二十七日），拓片數為「0」[107]，出現
在第「12」行第「12」字。對筆者而言，還有另一件更想了解的事，
那便是「溫」這個字形從那個地方來的？是那一本書？那一篇考
古報告？那一個人所留傳的拓本？簡言之，拓本是如何而來？筆者
從該書〈後記〉閱讀到的訊息是：

[104] 毛遠明：《漢魏六朝碑刻異體字典（下）》，頁 928。
[105] 按：收錄在《漢魏六朝碑刻異體字典（下）》1271 頁以後。
[106] 參毛遠明：《漢魏六朝碑刻異體字典・凡例》，頁 2。
[107] 筆者查看〈凡例〉內容，目前尚未得知與理解「拓片數」為「0」的正確指涉
　　 為何，或許指的是該書作者尚未收藏到此碑拓本。（按：筆者乃根據《漢魏六
　　 朝碑刻校注》「碑文」後的拓本出處猜測而得。）

　　本書編纂的路徑主要經歷了三個步驟：第一步，對研究材料全面搜集、鑒別，銘文釋讀和校勘，疑難字考釋，在此基礎上，作出全部釋文。其成果體現在《漢魏六朝碑刻校注》（線裝書局 2008）中。第二步，對所有碑刻拓片按單字切圖，並把全部資料放入設置好的碑刻異體字資料庫，根據需要進行系統標注，形成《漢魏六朝碑刻異體字語料庫》。第三步，在語料庫的基礎上編寫成《漢魏六朝碑刻異體字典》。所有使用的字料，一律以碑刻拓片、照片上的文字為依據，以保證研究材料的真實性；所取異體字字樣，一律使用剪切的文字圖片，以免摹錄失真。[108]

　　此外，該書〈後記〉亦提及：「本項工作開始於 1998 年，完成於 2011 年，歷時 13 年。」[109]筆者在閱讀此書的過程中，處處感受到作者的嚴謹治學，十多年磨一劍的歷程不是每個人都做得到的。至於筆者更在意的字形來源，所幸在〈後記〉的提點之下，最後終於在《漢魏六朝碑刻校注》第五冊第 192 至 193 頁找到了「元引墓誌」的拓本、碑文、注釋等資料，在「碑文」後提及收錄此拓本的出處有「《墓誌集釋》圖六〇；《北圖拓本匯編》四冊一三三頁；《鴛鴦七誌齋藏石》五九頁、《墓誌選編》圖三〇一頁；《墓誌彙編》一三五頁」[110]，可惜的是，「」形（《漢魏六朝碑刻異體字典》）的原始材料是上述的那個拓本？筆者目前還未能得知最後答案。對於這樣的結果，似有大醇小疵之憾。[111]

---

[108] 毛遠明：《漢魏六朝碑刻異體字典（下）‧後記》，頁 1309。

[109] 毛遠明：《漢魏六朝碑刻異體字典（下）‧後記》，頁 1310。

[110] 毛遠明：《漢魏六朝碑刻校注》第五冊，頁 193。

[111] 這種狀況，與《甲骨文合集》在 1982 年剛刊行時，學者們除了讚嘆它的收錄豐富與編輯之勤，其實也十分想了解這些圖版的原始出處，在多年的千呼萬喚之下，終於在 1999 年刊行了《甲骨文合集材料來源表》。筆者衷心期盼能早日得見《漢魏六朝碑刻異體字典》一書引用字形的原始材料來源表，以周全《漢魏六朝碑刻異體字典》一書的研究與實用價值及其面貌。

（二）「異體字字典」網站中與「盈」相關的字形分析

　　拜網路科技之賜，當許多紙本資料相繼成為網路世界的一份子後，對於資料取得者而言，只要彈指一按，便能「垂」手可得。在網路字典的建置裡，教育部「異體字字典」網站可謂領頭羊，提供使用者快速且極具可信度的文獻資料。在「正式五版」及「臺灣學術網路十二版（試用版）」裡進行「盈」與「溫」的查詢結果如下所示：

正式五版[112]	臺灣學術網路十二版（試用版）[113]
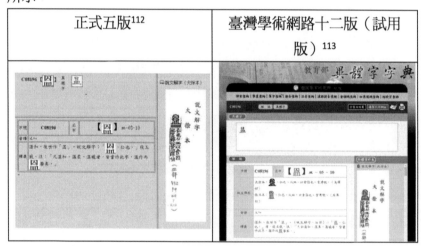	

[112] 教育部「異體字字典」正式五版，網址：http://dict.variants.moe.edu.tw/main. htm。根據網站首頁訊息，此版預計服務至 106 年 9 月下旬，即今年 2017 年 9 月底。瀏覽日期：2017 年 9 月 8 日。

[113] 教育部「異體字字典」臺灣學術網路十二版（試用版），於 2012 年 8 月底開始試用。網址：http://dict2.variants.moe.edu.tw/variants/rbt/home.do。瀏覽日期：2017 年 9 月 8 日。

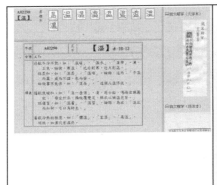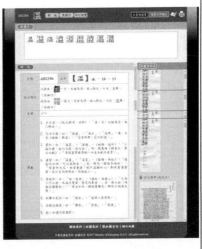

並列比較二個不同版本的網站，可以簡單的看到，「網路十二版」修改了「正式五版」因電腦系統差異性而產生的項目符號形體問題，以及將大量的手寫異體字形改以電腦字型呈現，其他的差異性請參見「教育部《異體字字典》新版系統試用說明」[114]。值得注意的是，「異體字字典」將「昷」與「溫」皆列為「正體字」，「昷」字所屬異體字為「𥁕」，「溫」字所屬異體字為「昷、溫、溫、𥁕、𥁕、溫、溫、溫」；換言之，「昷」、「溫」這二個正體字皆可對應到「𥁕」這個異體字，屬於多對一的狀況。這種正體字的概念似乎有別於一般對於「正體字」只能有一個「唯一」的形體，而這樣的現象也正是筆者贊同且想要特別提出之處。

　　以下先看「異體字字典」所提供的異體資料。「昷」字的異體為「𥁕」，相關來源如下所示：

---

[114] 「教育部《異體字字典》新版系統試用說明」，網址：http://dict2.variants.moe.edu.tw/variants/trial_ver_info.html。瀏覽日期：2017 年 9 月 11 日。

正式五版	臺灣學術網路十二版（試用版）
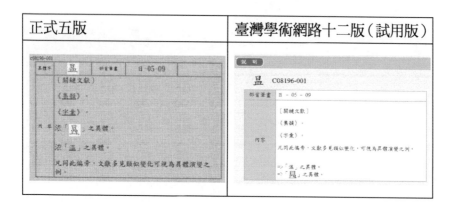	

至於「溫」字所屬異體字有「昷、溫、溫、溫、溫、溫、溫、溫、溫」，電腦字型作「昷、溫、溫、溫、溫、溫、溫、溫、溫」，相關來源如下所示：

正式五版	臺灣學術網路十二版（試用版）

	溫 A02290-008 部首筆畫　水 - 09 - 12 [關鍵文獻] 內容　《建碑・平聲・魂韻・溫字》引〈張遷碑〉。
	溫 A02290-002 部首筆畫　水 - 09 - 12 [關鍵文獻] 內容　《漢隸字源・平聲・魂韻・溫字》引〈衛尉衡方碑〉。
	温 A02290-003 部首筆畫　水 - 09 - 12 [關鍵文獻] 內容　《漢隸字源・平聲・魂韻・溫字》引〈玄儒婁先生碑〉。
	溫 A02290-004 部首筆畫　水 - 09 - 12 [關鍵文獻] 內容　《隸辨・平聲・魂韻・溫字》引〈繁陽令碑〉。
	溫 A02290-006 部首筆畫　水 - 10 - 13 [關鍵文獻] 內容　《碑別字新編・十三畫・溫字》引〈博陵達墓誌〉。
	溫 A02290-009 部首筆畫　水 - 10 - 13 [關鍵文獻] 內容　《碑別字新編・十三畫・溫字》引〈齊司馬遵業墓誌〉。

　　以上九個「溫」形的異體裡，異體字字典網站在「温」形裡進一步提供了「研訂說明」，如下所示：

研訂說明

音讀	ㄨㄣ
研訂者	葉鍵得
內容	「温」為「溫」之異體。溫，段注本《說文解字・水部》：「［篆］，溫水，出犍為符，南入黔水。從水，昷聲。」《隸辨・平聲・魂韻・溫字》引〈尹宙碑〉字作「溫」，隸變作「温」。《新加九經字樣・水部》：「溫溫，從皿以飼囚，上《說文》，下隸省。」《字彙・水部》：「温，俗溫字。」《重訂直音篇・卷五・水部》：「溫，烏昆切。良也，和暖也。又水名。」下出「温」字，云：「同上。」又《異體字例》，凡昷形多作昷。故可定「温」為「溫」之異體。

　　這個研訂說明的內容，或為教育部對於「溫」為正體字、「温」為異體字的擇定立場。為了解其判斷歷程，茲援引全文如下所示：

「温」為「溫」之異體。溫，段注本《說文解字・水部》：「［篆］，溫水，出犍為符，南入黔水。從水，昷聲。」《隸辨・平聲・魂韻・溫字》引〈尹宙碑〉字作「溫」，隸變作「温」。《新加九經字樣・水部》：「溫溫，從皿以飼囚，上《說文》，下隸省。」《字彙・水部》：「温，俗溫字。」《重訂直音篇・卷五・水部》：「溫，烏昆切。良也，和暖也。又水名。」下出「温」字，云：「同上。」又《異體字例》，凡昷形多作昷。故可定「温」為「溫」之異體。

首先，引用《說文》篆形「［篆］」，此形隸定成「溫」或為大家所接受。其次引用了〈尹宙碑〉「溫」形，以為「隸變作『温』」；《新加九經字樣》則直言「溫温」的關係是「上《說文》，下隸省。」《字彙》則以俗字說明「温」形，《異體字例》則言「凡昷形多作昷」，基於以上的文獻證據，最後定出「温」為「溫」之異體。換

言之，或以《說文》為尊，將《說文》篆形「溫」隸定後的楷體「溫」定為正體字，配合到了明代的《字彙》「溫」為俗字的說法，據此就順理成章的讓「溫」成為了正體字。以上是筆者對於這段「研訂說明」的推測與理解。

　　時間如果再回到民國六、七十年代，當時在選定常用標準字時，藉由大量整理的過程中，提出了整理的基本原則。根據《國字標準字體研訂原則》[115]，其「確定標準字體之原則」有以下幾點：[116]

1.字形有數體而音義無別者，取一字為正體，餘體若通行，則附注於下。例如：「才」為正體。「纔」字附見，並於說明欄注明：「方才之才或作『纔』」。
選取原則如下：
　(1)取最通行者。例如：取「慷」不取「忼」。
　(2)取最合於初行本義者。如脚、腳今用無別，取「腳」不取「脚」。
　(3)數體皆合於初形本義者，選取原則有二：
　　①取其筆畫之最簡者，如取「舉」不取「擧」。
　　②取其使用最廣者，如取「炮」不取「砲」、「礮」。
　(4)其有不合前述體例者，則於說明欄說明之。例如：「麵」、「麪」皆通行，取「麵」不取「麪」，並於說明欄注明：「本作麪。為免丐誤作丏，故作此。」
2.字有多體，其義古通而今異者，予以並收。例如：「間」與「閒」，「景」與「影」。古別而今同者，亦予並收，例如：「証」與「證」。
3.字之寫法，無關筆畫之繁省者，則力求符合造字之原理。例如：「吞」不作「吞」，「闊」不作「濶」。

---

[115] 曾榮汾：《國字標準字體研訂原則》（國語文教育叢書 22），民國 86 年（1997）3 月臺灣學術網路三版，網址：http://language.moe.gov.tw/001/Upload/files/SITE_CONTENT/M0001/BIAU/biauban.htm?open。瀏覽日期：2017 年 9 月 8 日。
[116] 曾榮汾：《國字標準字體研訂原則》（國語文教育叢書 22），網址：http://language.moe.gov.tw/001/Upload/files/SITE_CONTENT/M0001/BIAU/t00-8.htm?open。瀏覽日期：2017 年 9 月 8 日。

4.凡字之偏旁，古與今混者，則予以區別。例如：

日月之月作「月」（朔、朗、期）

肉作「月」（肋、肯、胞）

艸木之艸作「⺿」（草、花、菜）

丫作「⺍」（歡、敬、穫）

5.凡字偏旁，因筆畫近似而易混者，則亦予區別，並加說明。例如：

舌（甜、憩、舔）與舌（活、括、話）

壬（任、妊、荏）與壬（呈、廷、聖）

至於「確定標準字體之精神」，則列出以下幾點：[117]

1.標準字體的選用乃就現有字形加以挑選，並非另創新形。

2.標準字體的研訂或從古，或從俗，皆以符合六書原理為原則。

3.標準字體的選取具教育意義，所以通行字體仍具原有字構者，優先考慮。

基於以上的「原則」與「精神」，研訂出標準字體的「通則」與「分則」：「通則」有 40 項，屬於「總原則的說明」，如：一字不二捺、左旁末筆斜挑、……「谷」形寫法……；「分則」有 120 項，屬於「較詳原則的說明」，如：「八」字旁的寫法、「女」字旁的寫法、……「為」字旁的寫法……。茲舉「為」字旁的寫法（「分則」96），如下所示：[118]

---

[117] 曾榮汾：《國字標準字體研訂原則》（國語文教育叢書 22），網址：http://language.moe.gov.tw/001/Upload/files/SITE_CONTENT/M0001/BIAU/t00-7.htm?open。瀏覽日期：2017 年 9 月 8 日。

[118] 曾榮汾：《國字標準字體研訂原則》（國語文教育叢書 22），網址：http://language.moe.gov.tw/001/Upload/files/SITE_CONTENT/M0001/BIAU/f96.htm?open。瀏覽日期：2017 年 9 月 8 日。

根據以上說明，「爲」、「為」二楷體在最後的選擇標準，在於由
於此二形「皆與初形差異甚大，取較通俗簡易的『為』形。」

　　筆者在此將確定標準字體的「原則」、「精神」、「通則」、
「分則」援引在此的原因是：筆者一直在思考「溫」、「温」二形
最後的取決標準是什麼？異體字字典的「研訂說明」或許是「當初」
的最後裁定標準[119]；但這些標準之間，某種程度上還是存在著彼此
相互矛盾的現象及困擾。舉例來說：上引「為」字的選擇標準，在
「分則 96」提到：

　　楷體或作「爲」、「為」，皆與初形差異甚大，取較通俗簡
　　易的「為」形。

---

[119] 根據民國 67 年（1978）5 月 20 日所刊行的《常用國字標準字體表（初稿名國
民常用字表）》裡，文後有〈常用國字標準字體表稿〉，在此表稿字號 2295，
將「溫」定為標準字體，在下方「說明」欄裡，提到「俗作温，今從正。」（教
育部：〈常用國字標準字體表稿〉，《常用國字標準字體表（初稿名國民常用
字表）》，頁 230。）筆者按：「說明」欄裡的「俗作温，今從正」，或許就是
將「研訂說明」中所提到《字彙・水部》：「温，俗溫字。」當做標準來擇定
「溫」為正體。

　　筆者的困擾是，「爲」、「為」雖然與初形差異甚大，但「爲」比「為」來得接近「手牽象形」，因為「爪」形便是「手」形，所以選擇「爲」形應該比選擇「為」形更接近原意，在這種狀況之下，不是符合「原則」裡的第一條第二項「取最合於初行本義者」嗎？同時依照「原則」裡的第三條「字之寫法，無關筆畫之繁省者，則力求符合造字之原理」，「爲」形不是比「為」形來得好一些？可是最後的結果是：取較通俗簡易的「為」形，而這樣的判斷標準似不見於「確定標準字體之原則」裡。如果真要放入「原則」的判斷，似乎用了第一條第三項第一款「取其筆畫之最簡者」，然而這樣的「原則」前題是「數體皆合於初形本義者」，就「爲」、「為」而言，下方形體已然訛變與「象」形不類，如此說來，似又無法以「取其筆畫之最簡者」這「款」判斷「為」比「爲」來得好。

　　另一個思考的切入點是：「爲」、「為」下方的「烏」、「為、烏」形，應是從篆形「𤔡」而來，此形如果從字形演變來看，其甲骨文乃為「𤓰」形，即大象大形，從甲骨具象的「𤓰」形到篆形的「𤔡」形已然訛變，又再經過隸變的過程而為「烏（為）」形，又再一次的變訛，早已徹底失去原貌。因此，如果要符合原始構形，應將楷體寫作「象」形才是標準。但是在制定標準字的過程中，顯然沒有採用這個方法，而採用了篆變隸楷之後所習寫的楷體樣貌。換言之，當某形雖不見得合乎原始構形，但其訛形已為社會大眾所接受，文字是一種約定俗成的語言記錄工具，當使用頻繁時，多數的人都覺得它是合理的，那麼它就有機會成為共同的標準；最後，《國字標準字體研訂原則》擇定了「為」為標準字，「爲」就成為了「為」的異體字之一。當然，以上的說明只是單純就「為」「爲」二形楷體，簡單論述《國字標準字體研訂原則》選定標準字時的可能背後想法及筆者個人對標準的判斷之疑惑。

　　藉由上文「為」「爲」二形的再思考，回到本文想要討論的「溫」、「温」二形之間如何進行標準字的判斷問題，根據《國字標準字體研訂原則》第一條「字形有數體而音義無別者，取一字為正體……」的條件，下方列有四項「選取原則」細目，其中第一項為「取最通行者」，第二項為「取最合於初行本義者」，就「溫」、「温」而言，要如何判斷呢？如依前文筆者就《漢魏六朝碑刻異體字典》一書歸納的結果，「温」、「溫」的出現比例為 5：1，換言之，在漢魏六朝碑刻文字使用裡，「温」比「溫」更為通行，所以如果依據第一條第一項為「取最通行者」，標準字應選擇「温」而非「溫」；但如果從第一條第二項「取最合於初行本義者」，根據前引「研訂說明」的內容，「溫」比「温」更合乎從篆至隸楷的初行本義，標準「溫」字或據此而來；以上討論的用字時代，均約略以漢魏時期作為時代的斷代。討論至此，當一字的討論可能符合《國字標準字體研訂原則》二條以上的「原則」時，這些「原則」的判定有沒有效力高低或先後的問題？筆者目前尚未看到明確的判定原則詳解。

　　最後再將時代從漢代拉回至民國六、七十年代，根據上文所引國、中小教科書資料，早期為「温」，過渡時期「温、溫」並行，當訂定標準字之後則以「溫」為印刷刊物的依據，然而七十年代的手鈔本《景伊詩鈔》卻是「温」字；換言之，教育部以公權力頒行標準字，希望能藉由統一文字來讓溝通更加順暢，但民間的書寫者不見得會立即採用這項標準，雖用異體但尚無溝通問題。然而過了一段時間之後，卻也因為標準字的規範問題，讓「溫」、「温」二字出現在社會新聞當中。在民國九十幾年間，出現了「溫」姓與「温」姓之辯，這二個姓氏是同一個家族還是不同家族？曾出現在戶政問題上，如：民國 96 年（2007）6 月 24 日〈「溫」誤植少一筆　全家變姓證件失效〉一則新聞裡，兄弟三人中，「大哥二哥都是『囚』

字溫，只有小弟變成『日』字溫」，致使「全家人證件支票通通不能用」，溫先生長子也說：「戶政要改的時候，其實也沒有跟我們講。」[120]在這新聞出現三日之後，內政部 96 年（2007）6 月 27 日台內戶字第 0960100507 號函略以：

> 參照司法院釋字第 399 號解釋，姓名權為人格權之一種，人之姓名為其人格之表現，亦為人民之自由，應為憲法第 22 條保障。……如不同書寫方式之姓氏不影響親系判別者，當事人選擇姓氏之寫法，尚未涉及有違公共秩序及社會安全，尊重其個人意願，或可兼顧法、理、情。惟為避免當事人反覆申辦，此類更正姓氏之申請以一次為限。[121]

值得留意的是，在民國 103 年（2014）6 月 11 日臺中市北區戶政事務所依據內政部 96 年（2007）6 月 27 日台內戶字第 0960100507 號函處理〈申請更正姓氏「溫」為「溫」案〉，此案內容是是「經查溫君於〇〇年〇月〇日在本區辦理出生登記，從父姓為『溫』至今，今因『溫』為異體字或俗字，坊間電腦均無從登打或建檔，致其證照、文件均使用正體字『溫』而造成困擾。」[122]

以上所引新聞及戶政二件案例，第一例發生在民國 96 年（2007），大哥、二哥姓「溫」，三弟姓「溫」，因此三弟「溫」先生希望改為「溫」先生；第二例發生在民國 103 年（2014），由於

---

[120] TVBS 新聞網，「〈「溫」誤植少一筆　全家變姓證件失效〉」，民國 96 年（2007）6 月 24 日，網址：https://news.tvbs.com.tw/life/320226。瀏覽日期：2017 年 9 月 11 日。

[121] 轉引自：臺中市北區戶政事務所，〈申請更正姓氏「溫」為「溫」案〉，民國 103 年 6 月 11 日，網址：http://www.hnorth.taichung.gov.tw/ct.asp?xItem=272379&ctNode=11743&mp=102090。瀏覽日期：2017 年 9 月 11 日。

[122] 臺中市北區戶政事務所，〈申請更正姓氏「溫」為「溫」案〉，民國 103 年 6 月 11 日，網址：http://www.hnorth.taichung.gov.tw/ct.asp?xItem=272379&ctNode=11743&mp=102090。瀏覽日期：2017 年 9 月 11 日。

「溫」君出生登記時從父姓為「溫」，但因電腦系統問題使用「温」姓多有困擾，因此請求戶政單位改為「温」姓。換言之，當民國71年（1982）正式公告《常用國字標準字體表》以後的三十一年（2014），「溫」與「温」尚且存在著使用上的問題，孰正孰非，似乎還有許多的爭論存在。

四、結語

行文至此，可以大致的了解到：從隸變以後，「溫」、「温」二形互有消長，如單就《漢魏六朝碑刻異體字典》來看，「温」形比「溫」形的使用頻率來得高；如就唐代的楷書大家歐陽詢而言，他在四大豐碑裡所寫的是「温」形而非「溫」形，共出現三次，如下所示：[123]

至於唐代顏真卿這位書法家所寫的亦是「温」形，如「温」（〈顏

123　羅凡晸製作，「歐陽詢四大豐碑」網站，網址：http://cjbnet.org/oes/。瀏覽日期：2017 年 9 月 11 日。

勤禮碑〉）、「」（〈多寶塔碑〉）[124]。就當時的楷體用法來看，尤其是顏真卿，他的家族長輩顏元孫曾編寫《干祿字書》，而他則將《干祿字書》以楷體書之，最後此書被刊刻在石碑上，某種程度對於當時的「正字」運動有推波助瀾之功。時代再跳到清朝嘉慶二十年江西南昌府學開雕，太子少保江西巡撫兼提督揚州阮元審定，武寧縣貢生盧宣旬校，新建戴效先、程亦珍、談巨川刻字，臨川李顯才刷印的《重栞宋本毛詩注疏附校勘記》（十三經注疏本），在《詩・鄭風・野有蔓草》的疏語裡提到：「正義曰：……仲春、仲秋，俱是晝夜等、溫涼中。」[125]其中「溫」字形體作「」，右上方寫作「日」形。猶記得筆者就讀碩士班期間，「點書」這門課便是要求我們進行阮元十三經注疏本的評點，這樣的學術訓練有助於我們日後的學術發展；以此類推陳新雄先生就學期間，應該也做過類似的讀書歷程，換言之，前輩師長所看到的多數是「溫」形的楷體印刷才是。

最後，綜合以上所引用的相關材料，筆者以為教育部異體字字典並列「溫」、「盈」為正體字的方式是值得我們特別重視的。雖然它沒有明言「溫」、「盈」二字的關係，但同時將「溫」、「盈」列為正體字，這背後的理念與《干祿字書》在進行「俗、通、正」標準的判定時，其中有所謂的「竝正」[126]，某種程度上告訴我們：標準不見得只能有一個。[127]那麼，如果真的只能有一個標準字，那

---

[124] 截取自「漢典書法」網站，網址：http://sf.zdic.net/sf/ks/0508/b11163ccc597f2
273264d699c9fac560.html。瀏覽日期：2017 年 9 月 11 日。

[125] （清）阮元審定、盧宣旬校：《重栞宋本毛詩注疏附校勘記》（十三經注疏本），
臺北：藝文印書館，頁 182。

[126] 劉中富：《干祿字書字類研究》，山東：齊魯書社，2004 年 12 月，頁 337-3
44。

[127] 劉中富整理完顏元孫《干祿字書》的「竝正」後，提到：「由此可見，顏氏判
定正字的標準既不是完全根據字源學，也不是完全依據字書，而主要是依憑當
時社會用字的實際情況。……這種靈活性和變通性來源於當時的用字實際，也

該怎麼辦？筆者在《郭店楚簡異體字研究》裡，曾就多位學者對於
「異體字」的意見進行整理，同時也簡單論述「歷代文字整理概況」，
最後得到的心得是：「在沒有正字（或標準字）的前提之下，同一
個時代之中，一個字存在著兩種或兩種以上不同的寫法，彼此音義
相同，且互為異體；當有政治力量或其他因素介入且為人們普遍的
接受時，正字（標準字）被確立之後，這些不同的寫法中才有所謂
的正、異體之別。」[128]根據以上的界說，「溫」、「温」從民國七
十一年（1982）以後，由於教育部（即上引「政治力量或其他因素
介入」這股力量的出現）正式公布「溫」為正，「温」為異，自此
在臺灣「温」消而「溫」長，但是迄今也不能完全限制或禁止「温」
形的合法存在，前述「温先生」案例便是如此；在臺灣姓氏裡，還
是有一批「温」姓支持者，這股民間力量不容小覷。除此之外，中
國大陸簡化字及日本常用漢字都選擇了「温」，背後的選擇標準同
樣也值得我們加以重視。以上所言，是我們未來不得不重視的重要
思考面向。

給當時的漢字書寫者留下了一定的選用空間。」（劉中富：《干祿字書字類研
究》，頁343）筆者個人亦贊同這種觀點。
[128] 羅凡晸：《郭店楚簡異體字研究》，臺灣師範大學國文系碩士論文，2000年6
月（後收錄於《臺灣師大國文研究所集刊》第四十五號，2001年6月，頁57
7）。

第三章　數位科技下的書法教學

書法教學在近幾十年來有著質變與量變。隨著教育改革，星期六上午不再授課，上課時數減少，在各種層面的考量及因應社會變遷的需求，傳統書法教學已慢慢減少授課時數。隨之而來的則是當代的數位浪潮。在這波數位浪潮的衝擊之下，有志者總能找到一線生機，諸如張炳煌先生的「數位 e 筆」[129]、「e 筆 App」[130]，可稱為書法數位科技的標竿之一。此外，數位時代的學習者也有一群傳統書法愛好者，以為毛筆的線條之美，依舊有著極大的吸引力，於是乎在數位與傳統之間相互激盪之下，數位科技下的書法教學有了新的契機與活力。

筆者從國小三年級開始接觸初唐四大家之一的歐陽詢楷書，便一頭栽入書法世界，迄今已將近四十年。每每跟大家分享的是：只要願意接觸，不放棄毛筆書寫的線條依戀，書法將是陪伴你一輩子的好朋友。也因為這樣子的想法，讓筆者思考如何因應時代變遷，賦予書法新的數位生命與價值。首先，便是建立書法資料庫；其次則是運用數位科技進行傳統書法教學。以下分別舉隅說明。

第一節　書法資料庫建構的教學意義

書法資料庫的建置，以今日而言大約分成二大類：第一類是綜合類，舉凡與書法相關的字帖、書論、以及各式訊息，都收集在某個網站或論壇中；第二類是字形類，以網路電子書法字形庫為主，

---

[129] 淡江大學、張炳煌，「數位 e 筆」，網址：http://calligraphy.tku.edu.tw/epen/super_pages.php?ID=epen1。瀏覽日期：2020 年 12 月 26 日。

[130] Studio A、張炳煌，「e 筆 App」，網址：https://www.studioa.com.tw/pages/epenapp。瀏覽日期：2020 年 12 月 26 日。

使用者可以藉由檢索查詢相關書家的單字書寫樣貌。有趣的是，如以唐代書家歐陽詢來說，專門替它建置的字形資料庫幾未可見，以下將從歐楷字形資料庫的初步建構進行探究。

壹、歐楷字形資料庫初步建構——以歐楷布局實際創作為例

　　書法是中國特有的一門藝術。一般而言，中國書法依照形體的特色或依照時代的演變歷程，或可區分為篆書、隸書、草書、行書、楷書等五大類，其中楷書到了隋唐時期可謂達到巔峰，在初唐則有「初唐四大家」——歐、褚、虞、薛[131]，其中的「歐」所指的便是本文所欲討論的書法家——歐陽詢。歐陽詢是唐代書法家的代表人物之一，其書藝精道，各體兼備，在楷書的成就上則有四大豐碑流傳後世，分別為〈化度寺碑〉、〈九成宮碑〉、〈溫彥博碑〉、〈皇甫誕碑〉等，歐陽詢楷書（以下簡稱歐楷）除了在當時早已名揚四海之外，一直到現在，仍為世人所重，歷代文人學其書者不乏其人，諸如清代成親王[132]、林則徐、高爾夔等人、民初黃自元、馬公愚等人[133]均有習歐之作，由此可見其被重視的程度。當代的書法家亦是如此，因此坊間有各式各樣的習歐字帖，尤以歐楷中的〈九成宮碑〉為最。

　　隨著時代的發展，科技在演變的過程中為了突破以往的窠臼，也往往再次的師法古人，如電腦字型的開發便是一例。最近威鋒數位公司（即華康字型的設計公司）正式發行歐陽詢體，真是令人欣

---

[131] 「歐」是指「歐陽詢」，「褚」是指「褚遂良」，「虞」是指「虞世南」，「薛」是指「薛稷」。

[132] 參見馮寶佳：《歐陽詢書法入門》，香港：珠海出版有限公司，1991 年 3 月，頁 22。

[133] 參見李郁周：《唐九成宮醴泉銘》（修復放大碑帖集 5），臺北：蕙風堂，1996 年 1 月 11 版。

喜的一件事。根據筆者親訪該公司，問得此套字型在一九九七年左右即便問世，不過當時先在日本市場推出，台灣地區則在二〇〇四年上市，包含在「金碟 150」這一組盒裝字型裡頭。這對於喜好書法者而言，又多了一種欣賞字體的管道。可惜的是，為了滿足電腦字型的既有框架，書法結體多變的特色只好被犧牲，只得走向僵化一途，這也是無法避免的遺憾。關於這個問題，筆者一直在思考真的只能這樣嗎？除此之外是否有無其他的解決方法？因此，本文便由此應運而生。筆者以為：建構一個歐楷字形資料庫可以初步解決這個缺陷，也可以提供書學者更多的學習範本。

一、歐楷四大豐碑概說

歐陽詢（西元五五七至六四一年），字信本，潭州臨湘人。一生經歷陳、隋及唐初。唐太宗時，官至太子率更令，弘文館學士，封渤海男。其書法藝術，諸體俱能，尤以楷書最為精絕。他的楷書被後世稱為「楷法極則」。用筆峻峭險勁，法度森嚴，於平正中見險絕，以其獨特的風格對後世產生了深遠的影響。

歐陽詢的書法初學二王，據傳他早年曾見到一本王羲之教其子獻之的《指歸圖》，乃以三百縑購回，「賞玩經月，喜而不寐焉」（見《金壺記》）。又傳他早年學習書法極其勤奮，有一次與虞世南一同外出，途中訪見索靖所書的石碑，觀之入迷，竟坐於碑旁，細心揣摩觀賞，逗留三日才離開。由於他學習書法藝術的勤奮和敏悟，使他的書法兼有以二王為代表的南朝書法藝術的俊美和北朝碑刻的峻峭，並創造出自己獨特的風格面貌。[134]

歐陽詢流傳下來的墨跡有〈卜商〉、〈張翰〉、〈夢奠〉等帖，

---

[134] 張志和書法藝術網，網址：http://zhwriting.com/web/shufabaike/a25.htm。瀏覽日期：2004 年 10 月 1 日。

碑拓楷帖有〈九成宮碑〉、〈化度寺碑〉、〈溫彥博碑〉、〈皇甫誕碑〉和小行楷書〈千字文〉，此外，尚有隸書〈唐宗聖觀記〉等。至於本文，主要是強調其在楷書中的成就，以下針對歐楷四大豐碑進行簡單介紹。

（一）〈化度寺碑〉

全稱〈化度寺故僧邕禪師舍利塔銘〉，或簡稱為〈化度寺碑〉、〈化度碑〉、〈邕禪師塔銘〉等。唐李百藥撰文，歐陽詢七十五歲時所書。碑立於唐貞觀五年（西元六三一年），共三十五行，每行三十三字。原石久佚。

此碑拓本可分為唐原石拓本、宋翻本、其他模刻本等三類：一、唐原石拓本。有敦煌殘本十二頁，分別藏於法國巴黎國立圖書館與英國倫敦大英博物館。另有王孟揚本、陳彥廉本、吳門繆曰藻本、潘文勤公本等。二、宋翻本：有翁覃溪所藏本、顧氏玉泓館本、王弇州第一本、陸謹廷本、鮑氏本、楊氏望堂業石初集本、日本二尊院傳本、乾隆內府本、明郁逢慶題本等。三、其他模刻本：有明萬曆三十四年章藻墨池堂本、橫石本、薛元超本等。[135]當代另有張建富補全本[136]。

此碑書法筆力強健，結構緊密。北宋以來，頗為世人所重，《宣和書譜》云：「化度寺石刻，其墨本為世所寶，學者雖盡力不能到也。」南宋姜夔將其視為神品，元趙孟頫則稱「唐貞觀間能書者，

---

[135] 張建富：〈化度寺邕禪師舍利塔銘全碑修復記〉，《唐　化度寺塔銘》（修復放大碑帖選集 27），臺北：蕙風堂，2002 年元月初版，頁 2-7。

[136] 張建富：〈化度寺邕禪師舍利塔銘全碑修復記〉，《唐　化度寺塔銘》（修復放大碑帖選集 27），臺北：蕙風堂，2002 年元月初版，頁 10。

歐陽率更為最善，而〈邕禪師塔銘〉又其善者也。」（見郁逢慶《書畫題跋記》）清劉熙載《藝概》謂「筆短意長，雄健彌複深雅，評者但謂是直木曲鐵法，如甲胄不可犯之色，未盡也。」可見前人對此碑的看重。

（二）〈九成宮碑〉

全稱〈九成宮醴泉銘〉，或簡稱為〈九成宮碑〉、〈九成宮〉、〈醴泉銘〉等。唐魏徵撰文，歐陽詢七十六歲時奉敕所書。碑立於唐貞觀六年（西元六三二年），共二十四行，每行四十九字。原石在陝西麟游，年久風化加上歷代捶拓，碑刻已經嚴重損蝕，後來又經多次剔刻，原石風貌幾乎全失。此帖今有宋拓本影印流傳，是學習歐陽詢書法的重要範本之一。[137]

此碑拓本大致分為三類：第一類為最古拓本，「重」字不損本，有蕭山朱氏的庫裝本、駙馬都尉李祺本、勝芳王氏翁跋本三種。第二類為次佳拓本，「櫛」字半損本，有黨崇雅藏本、合肥龔氏藏本、梁聞山藏本、端陶齋藏本四種。第三類為南宋以後拓本，「櫛」字大都不存，如吳荷屋藏本。[138]

此碑用筆方整，且能於方整中見險絕，字畫的安排緊湊，勻稱，間架開闊穩健。明陳繼儒曾評論說：「此帖如深山至人，瘦硬清寒，而神氣充腴，能令王者屈膝，非他刻可方駕也。」明趙涵《石墨鐫華》稱此碑為「正書第一」。[139]

---

[137] 張志和書法藝術網，網址：http://zhwriting.com/web/shufabaike/a25.htm。瀏覽日期：2004 年 10 月 1 日。

[138] 李郁周：〈三種九成宮醴泉銘拓本〉，《故宮文物月刊》（第二卷第九期）。

[139] 棠華房「http://3111.hinet99.net/cgi-bin/newsfa/ReadNews.asp?NewsID=146&BigClassName=&BigClassID=18&SmallClassID=28&SmallClassName=&SpecialID=20」。瀏覽日期：2004 年 10 月 1 日。

（三）〈溫彥博碑〉

全稱〈唐故特進尚書右僕射上柱國虞恭公溫公之碑〉，或簡稱為〈溫彥博碑〉、〈虞恭公碑〉、〈溫公碑〉等。岑文本撰文，歐陽詢八十一歲時所書，唐貞觀十一年（西元六三七年）十月立。

碑總高三七八公分，寬一一五公分，共三十六行，每行七十七字，碑額四字四行井格陽刻，陽文篆書「唐故特進尚書右僕射虞恭公溫公之碑」十六字。碑文本來應當二千八百字左右的長文，但因久陷荒煙，及當地百姓破壞，傳世宋拓僅止於碑上三分之一段字可辨認，每行約廿三字不等，共八百廿餘字。下半大段碑銘經王昶、翁方綱、蔣光煦、魏錫、陸增祥等多位專家考證，最後由羅振玉綜合諸家之說，訂正繆誤，得二一〇九字，半字廿六個。[140]

此碑傳世之舊拓本，據張彥生「善本碑帖錄」記載為南皮張之萬舊藏，明王世懋跋，惜有塗墨，今藏北京圖書館。最佳拓本據王壯弘「增補校碑隨筆」記載為陸謹廷舊藏北宋拓本，有王夢樓跋。惜這兩本坊間未見出售。目前臺灣坊間可看到的版本有三種：

一、嘉慶內府藏本：此本乃畢氏靈巖行館舊藏，今藏上海博物館。後有王澍、翁方綱、王文治等題記，此乃北宋精拓，僅次於陸謹廷本。天津延光室有照像片，略縮小，日本二玄社「書迹名品叢刊」、「中國法書選」都以此照片翻印。二、臨川李氏本：此本碑文首行下鈐有「公博鑒藏」、「李宗瀚印」兩方印。每行約廿二字，第十八行至廿六行間，每行僅存十七字，華正書局根據李翊煌石印本再印。三、貴池劉氏藏本：此本碑文首行下鈐有「劉之泗印」及「寅白」兩方印。每行約廿一字。此本現存北京歷史博物館，日本

---

140 鄭聰明：〈平正婉和的溫彥博碑〉，《唐 歐陽詢 溫彥博碑》，臺北：蕙風堂，1996 年三版，頁 1。

昭和法帖大系叢帖中之溫彥博碑，根據上海有正書局再印。[141]

　　明趙涵《石墨鐫華》評云：「此碑字比〈皇甫〉，〈九成〉善小，而書法嚴整，不在二碑之下。」並嘆：「時信本已八十餘，而楷法精妙如此。」清楊守敬評此碑為歐陽詢「最晚年之作，平正婉和，其結體不似〈醴泉〉之開張，又不如〈皇甫〉之峻拔。」

（四）〈皇甫誕碑〉

　　全稱〈隋柱國左光祿大夫弘議明公皇甫府君之碑〉，或簡稱為〈皇甫誕碑〉、〈皇甫君碑〉、〈皇甫府君碑〉等。唐于志寧撰文，歐陽詢書。此碑現在陝西西安，無書寫年月。此碑立於何年，眾說紛紜，但以貞觀初年或貞觀三至九年間立碑比較可能，因為碑中于志寧的題銜和新舊唐書符合，而且〈皇甫誕碑〉和〈溫彥博碑〉書風相近，〈溫彥博碑〉立於貞觀十一年（西元六三七年），〈皇甫誕碑〉為貞觀十一年左右歐陽詢晚成之作比較可能。[142]

　　〈皇甫誕碑〉高二四〇公分，寬九六公分，共二十八行，每行五十九字，碑額三行十二字，陽文篆書「隋柱國弘議明公皇甫府君碑」十二字。宋拓可辨認的約一五四六字，不同的字約七八九字（九成宮可辨認的為一〇九八字，不同字六二五字）。[143]

　　現在臺灣坊間可看到的宋拓有四種：一、高島槐安本：二玄社書跡名品叢刊、原色法帖、法書選都根據此本印行，此本「點吏畏威」的「吏」字描成「史」字。但拓工精良。二、伍元蕙本：日本清雅堂及日本書館都根據此版印行，拓工亦精。三、劉健之本：現

---

[141] 鄭聰明：〈平正婉和的溫彥博碑〉，《唐 歐陽詢 溫彥博碑》，臺北：蕙風堂，1996 年三版，頁 1-2。
[142] 鄭聰明：《皇甫誕碑入門》，臺北：蕙風堂，2003 年一版二刷，頁 1。
[143] 鄭聰明：《皇甫誕碑入門》，臺北：蕙風堂，2003 年一版二刷，頁 1。

藏北京故宮，損字最少，「參綜機務」的「務」字未損，前述兩本
都損，是目前最佳拓本，紫禁城出版社縮版印。上海書店亦有普及
本，但版面模糊。四、百衲本：日本雄山閣及天來書院以劉健之本
為主，其他本為輔，作成百衲本印行。頗值得參考。[144]

〈皇甫誕碑〉用筆緊密內斂，剛勁不撓。點畫重在提筆刻入，
此為唐初未脫魏碑及隋碑的瘦勁書風所特有的筆法特點。楊士奇
云：「詢書骨氣勁峭，法度嚴整，論者謂虞（世南）得晉之飄逸，
歐（陽詢）得晉之嚴整。觀〈皇甫誕碑〉其振發動蕩，豈非逸哉？
非所謂不逾矩者乎？」翁方綱說：「是碑由隸成楷，因險絕而恰得
方正，乃率更行筆最見神采，未遽藏鋒，是學唐楷第一必由之路也。」
明王世貞云：「率更書〈皇甫府君碑〉，比之諸貼尤為險勁。是伊
家蘭臺（歐陽通）發源。」楊賓在《大瓢偶筆》中說：「信本碑版
方嚴莫過於〈邕禪師〉，秀勁莫過於〈醴泉銘〉，險峭莫過於〈皇
甫誕碑〉，而險絕尤為難，此〈皇甫碑〉所以貴也。」

二、歐楷字形資料庫建構法初探

在建構歐楷字形資料庫之前，當然要先查看一下到目前為止在
網際網路上是否有人已經做過相同的事，如果有，並且做得不錯，
當然最好不要再重覆做，以免浪費不必要的人力。因此，筆者在瀏
覽網際網路時，無意之中看到了一個網頁，是由台北市立師範學院
附設實驗國民小學莊訪祺、王承庠、邱政達等人所做的「書法字典」
網頁[145]。在這個網頁之中，根據網頁所提供的資料，主要是針對唐
代歐陽詢、褚遂良、顏真卿、柳公權等四人的書法作品進行書法單

---

[144] 鄭聰明：《皇甫誕碑入門》，臺北：蕙風堂，2003 年一版二刷，頁 1。
[145] 書法字典「http://asp.estmtc.tp.edu.tw/mamata/book/main.asp」。瀏覽日期：
2004 年 10 月 1 日。

字的字形介紹。在進行書法教學的過程當中，如果系統內容夠豐富，應該是一項教學的利器，可惜的是，再更深一層的瀏覽，才發現整個系統只有九十六個單字，並且部分資料有誤，圖版解析度也不夠清楚。在這種情形之下，對教學而言，反而大打折扣，白費當初辛苦的建置這個網頁。

　　除此之外，筆者並沒有找到類似的歐楷字形資料庫網站。職是之故，建構一個歐楷字形資料庫，對於有心學習歐楷書法者，應當是有所助益的。

　　有了製作歐楷字形資料庫的動機，接著則是付諸於行動。建構歐楷字形資料庫，有一些基本條件，以下我們依照資料庫建構的先後順序依序加以說明。

（一）建構歐楷字形資料庫的基本電腦設備

電腦硬體設備	CPU PⅢ 600 主機、Monitor、HP ScanJet 6300 C 掃瞄器
電腦軟體設備	Microsoft Frontpage 2000、Microsoft Access 2000、IIS5.1

（二）歐楷字形資料庫建構

　　一個資料庫的建置成功與否，使用者的需求是十分重要的一個面向。使用者如果能夠由這個資料庫獲得他所想要的資訊，才是整個資料庫設計的成功關鍵之所在。因此，資料庫建構者必須先了解使用者的需求然後才進一步設計資料庫的模組。資料庫設計有許多的理論基礎，這些理論都是為了能夠達到使用者的需求而存在的。

我們在此並不進行高深理論的闡述，我們強調的是如何設計的過程。

1.使用者的需求

（1）歐楷字形的圖版

關於四大豐碑的版本問題，學者研究成果頗為豐富，版本之多令人眼光撩亂，初學者不知如何是好，日本二玄社所出的「中國法書選」叢書中第 29、30、31 冊便收入歐陽詢四大豐碑，圖版均為善本，一般讀者容易找到該書，因此本歐楷字形資料庫的圖版來源便是由此三冊而來。[146]

此外，本資料庫所使用的原始歐楷字形圖版並沒有進行任何的影像處理，雖然有些字形部分殘缺可以利用補字的方式加以改善，然而本系統還是保留了圖版的原貌。[147]杜忠誥先生在〈談碑帖的選用──寫在施臨歐書九成宮醴泉銘之前〉一文中，對於臨摹古人碑帖提到了一些個人的看法：「在我們看來，這樣全面性加以修改描補的結果，只會增加學習者對於書法精蘊所在的用筆意趣理解上的障礙而已，所得不償所失，終非理想的學書範本。」[148]筆者十分贊同這種看法。

---

[146] 中國法書選 29《皇甫誕碑》，日本：二玄社，1989 年，初版 1 刷。中國法書選 30《化度寺碑/溫彥博碑》，日本：二玄社，2001 年，2 版 4 刷。中國法書選 31《九成宮醴泉銘》，日本：二玄社，1996 年，初版 14 刷。

[147] 這個問題，今日的書學者以其書學涵養進行補字等相關工作，有些取得不錯的成果，然而大部分則失之千里。因此本系統寧可選擇存真一途。

[148] 杜忠誥：〈談碑帖的選用──寫在施臨歐書九成宮醴泉銘之前〉，《施春茂臨九成宮醴泉銘》，臺北：蕙風堂，1993 年，頁 3。

（2）歐楷釋文的楷定[149]

　　唐朝的楷書與今日的標準字體，兩者之間的形體距離其實不會相差太遠，大部分的唐楷字形，一般人在釋讀上是不會產生太大的鴻溝，可是還是有少部分的字形體與今日不太一樣，因此，學者為了解決這個問題，都會進行釋讀的工作。歐楷四大豐碑亦是如此，歷經一千多年的流傳，這個問題應該是解決了的，然而實際上，今日我們所看到的碑帖釋文，部分還有一些問題，[150]例如：「策」字，在〈皇甫誕碑〉出現過三次[151]，字形均相同，但同一字形亦出現在〈溫彥博碑〉，如就文例來看，〈溫彥博碑〉楷定為「榮」的字應該釋為「策」字較佳。然而值得注意的是，教育部所發表的網路版異體字字典[152]，所收錄的眾多的「策」字異體當中[153]，卻沒有歐陽詢〈皇甫誕碑〉所書的「策」形。

　　諸如此類的問題在現今流通的歐楷四大豐碑上是存在的。因此在教學的過程當中，這是必須正視的一個問題。

（3）歐楷結體的類比

　　文字的異體問題在每個朝代都是存在的，也都是無法避免的一個重大課題。教育部在日前便發表了網路版的異體字字典，對於異體字的說明可謂十分清楚。可惜的是，這部異體字典，並沒有將書法家的書蹟全部納入，因此如上文所言，有部分的異體字不小心就

---

[149] 一般學者使用「隸定」一詞，本文為了更明確指出其文字學的意義，所以採用「楷定」一詞。

[150] 在此，為了版本的統一性，我們所使用的釋文乃是根據二玄社所做的楷定。

[151] 利用本系統所得到的結果。

[152] 教育部異體字字典「http://140.111.1.40/」（九十三年一月版—正式五版）。瀏覽日期：2004 年 10 月 1 日。

[153] 教育部異體字字典「http://140.111.1.40/yitia/fra/fra02998.htm」。瀏覽日期：2004 年 10 月 1 日。

被漏失了，這也是無法避免的事實，因為中國文字的異體字真的是太多了。在此，我們透過歐楷字形的類比，除了有機會發現類似的文字現象，本系統建置的主要目的，乃是為了提供書學者欣賞更多的歐楷結體變化，以豐富其內在的文字結體涵養，進而開展自行創作的一片天地。傳統的作法，當然是直接閱讀碑帖，或者是利用工具書，如《書法大字典》等一類的圖書進行資料的收集，現在，我們則提供了另一種模式，透過網際網路的便利與強大的檢索功能，減少了許多查閱的時間，這也是本系統設計時所訴求的一項重點。

（4）自運創作的素材

書法的學習基本上可分為臨、摹、自運等幾個步驟，在此，本系統強調素材的提供對於自運者而言的需求性。例如自運者想要寫一幅對聯，對聯裡的字不見得都學過，如有可供參考的相同或相近的結體，對自運者而言是十分便利的，例如，「晸」字從日從政，《集韻》云：「知領切，日出皃。」這個字乃罕見字，在歐楷裡找不到這個字，如果自運者要以歐楷筆法書寫此字，必須累積一定的書法功力，寫出來才不會喪失歐楷筆意。有沒有可供參考的資料呢？當然有，傳統的作法，便是在書法字典當中找尋上半字形為「日」形的字，如「最」字，截取其「日」形，其次再找「政」字，縮小其形，符合一定的比例，如此便可完成「晸」字歐楷範本。現在則拜電腦科技之賜，只需利用一些電腦影像處理程式進行圖版的再創作，便可達到同樣的功效。本系統的字形圖版資料庫，便是提供此項作業的前置作業，透過字形圖版資料庫的檢索，彈指之間便可找到所需字根，爾後再用影像處理程式進行加工，便可得到所需的歐楷範本。

2.設計者的建構

　　對於使用者需求有了初步的了解之後，設計者便依照使用者需求進行資料庫的設計。下面本文以實際步驟進行系統操作說明，並簡單說明系統設計原理。

（1）資料模組的設計

　　資料模組對於一個系統建構的成功與否，影響非常深遠。在此，本資料庫在建構的過程當中，採用了物件導向的觀念，基本物件以字形圖版為主，在這個圖版下，則有其各別的屬性，由於本系統所用的資料量並不大，因此採用 Microsoft　Access 作為後端的資料庫，以 ASP 動態網頁語言作為存取資料的媒介。資料模組呈現的結果如下圖所示：

碑帖：九成宮
編號：g-01-01
楷定：九
部首：[乏-之]
線上評論：（1）篇

　　最上面為歐楷字形圖檔，下面則有屬性的條列：第一列為「碑帖」，指出該圖檔是由那一個碑帖而來。第二列為「編號」，目的是作為這個圖檔的基本依據，第一碼為英文代碼，「g」代表〈九成宮碑〉，「w」代表〈化度寺碑〉，「whd」代表〈化度寺碑（敦煌殘本）〉，「h」代表〈皇甫誕碑〉。因此，「g-01-01」代表的意義是「〈九成宮碑〉圖版第一頁的第一個字」。第三列為「楷定」，亦即今日教育部訂定的標準寫法。第四列為「部首」，採用的是組

字式的方式[154]。第五列為「線上評論」，如果網頁瀏覽者對於此字有任何的問題，均可透過這裡看到其他人的意見，同時也可以發表自己的看法。

（2）查詢方式的設計

本系統的查詢方式可利用「單字查詢」、「字根查詢」及「部首查詢」等三類。

「單字查詢」基本上只要將所欲查考的單字輸入，便可得到所要的結果，這個部分的查詢是沒有太大的問題的。

「字根查詢」這個部分，則是先將一個單字進行字根的分析，至於字根的拆解原則主要是根據《康熙字典》的部首分類分式，大部分的楷定都可以使用這種方式進行字根拆解，然而還是有少部分的字根（有成文的、也有不成文的）無法進行偏旁的輸入，[155]這是電腦在中文字碼問題上的先天缺陷。一般的解決方式是利用外字區進行造字，本系統則是採用了電子佛典最初所使用的組字式[156]，並做了部分的修改，如文後附表一「部首查詢輸入方式」組字式暨特殊偏旁一覽表所示。

「部首查詢」這個部分，本系統基本上依照《康熙字典》部首

---

[154] 詳下文「查詢方式的設計」的介紹。

[155] 由於 Microsoft windows 系統的問題，本系統在 Microsoft windows XP 之上運作，資料庫使用的是 Microsoft office 2000 裡的 Access，伺服器的建置則是利用 Internet Information Services 5.1 (IIS 5.1)，以便執行 Active Server Pages (ASP)網頁程式，然而如此的系統架設，似乎只支援大五碼(Big-5)而不支援 Unicode 碼，雖然在 Microsoft windows XP 裡可以輸入康熙字典的部首字形，如「亻、丨、刂、宀、冫」等單字的偏旁部首，然而一經網際網路，卻無法看到這些偏旁部首，這個問題必須被加以重視。

[156] 中華電子佛典協會「http://ccbs.ntu.edu.tw/cbeta/news/more.htm」（瀏覽日期：2004 年 10 月 1 日。）網頁中「一般組合字常用部件規範」與「一般組合字字典部首規範」。原則上本系統參考這種做法，部分「字根」與「部首」則做了一些更動與省略，以減輕使用者的負擔。

進行分類，同樣的，也會遇到與「字根查詢」相同的問題，因此我們亦使用組字式來處理部首輸入問題，如文後附表二「部首查詢輸入方式」組字式暨特殊偏旁一覽表所示。除了附表二所列的查詢方式需要特別留意之外，其他的部首則是依照《康熙字典》的部首形體（建構在 Big-5 碼之中）即可進行輸入。

　　至於組字式的符號範例說明，如下面表一所示：[157]

符號	說明	範例
*	表橫向連接	明=日*月
/	表縱向連接	无=一/尢
@	表包含	因=囗@大
-	表去掉某部分	亠=亢-几
?	表字根特別，尚未找到足以表示者	帝＝?/巾
( )	為運算分隔符號	彐＝彙-（冗-几）-果
[ ]	為文字分隔符號	[糸*且]合

（表一　組字式符號範例說明表）

3.網頁瀏覽的完成

　　系統的首頁如下所示：

---

157 王志攀：〈CBETA 電子佛典缺字實務〉，《佛教圖書館館訊》第二十四期，2000 年 12 月，「http://www.gaya.org.tw/journal/m24/24-main4.htm」（瀏覽日期：2004 年 10 月 1 日。）

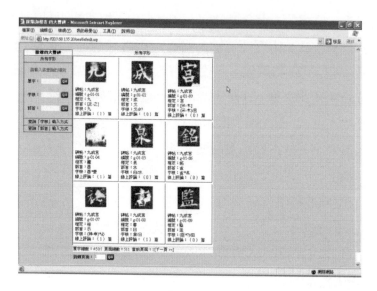

（圖1）

在這個系統當中，如前面所言，提供了三種查詢方式，分別是「單字查詢」、「字根查詢」、「部首查詢」。

（1）單字查詢

例如，我們要找歐楷四大豐碑當中所有的「宮」字，只要在左邊單字輸入的部分輸入「宮」，所得到的結果即如下圖所示：

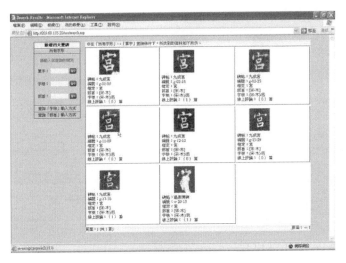

（圖2）

在 4591 個單字裡面，共有八個「宮」字。

在這八個「宮」字裡，第八個〈溫彥博碑〉的「宮」字有所殘缺，為了更清楚看出字形殘缺的問題，我們只要在圖版上面按下滑鼠左鍵，便可跳出另一個視窗，如下圖所示：

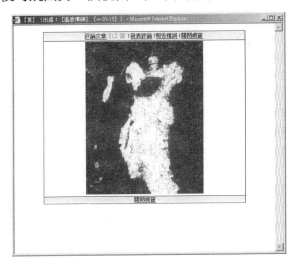

（圖3）

　　在這個視窗中，有四個選項，分別是：「評論文章」、「發表評論」、「報告錯誤」、「關閉視窗」。如果按下「評論文章」，則會出現如下面的畫面：

（圖4）

　　如此可以看到關於此字的評論。如果系統使用者也想要發表對於此字的看法，則在「發表評論」四個字上按下滑鼠左鍵，便會彈跳出另一個畫面，如下所示：

（圖5）

　　將相關意見透過這個表單填寫完畢之後，最後再按下「送出」鈕，如此便完成了意見的發表。

（2）字根查詢

　　字根查詢主要的目的在於提供使用者能夠進行結體的組字。如「落」字從「⁺⁺」從「洛」，在「單字查詢」中無法找到此字，如果想要了解歐楷相關偏旁的寫法，我們只要在字根部分輸入「⁺⁺」形，就可以找到偏旁中具有「⁺⁺」形的字，但是問題來了，在 Microsoft Windows XP 當中雖然可以打出「⁺⁺」，但是如上所言，由於字碼問題，本系統即使在「字根查詢」項裡輸入「⁺⁺」，也無法找到相應的結果，此時便可利用組字式的查詢技巧[158]，使用者只要在「字根查詢」項裡輸入組字式「花-化」，即可找到如下所示的結果：

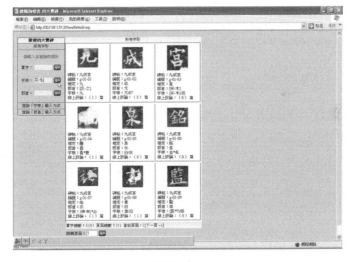

（圖6）

---

[158] 如果使用者不知如何查詢，可將滑鼠點選左邊的「查詢『字根』輸入方式」，便能夠一窺究竟。

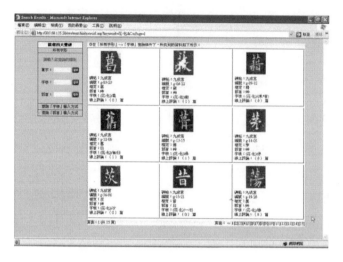

（圖 7）

　　根據圖 7 的結果顯示，共可找到歐楷當中一百三十幾個偏旁當中具有「⺿」形的字。至於從「氵」與從「各」的偏旁，亦可利用這種方式找到相應的字形，這項功能對於想要自運歐楷的學習者而言，是十分便利的一種方式。

（3）部首查詢

　　部首查詢原則上可分成兩種：一種是一般部首查詢，一種是組字式部首查詢。

　　一般部首查詢，如以「欠」部為例，在部首查詢輸入處，輸入「欠」字，所得到的結果如下圖所示：

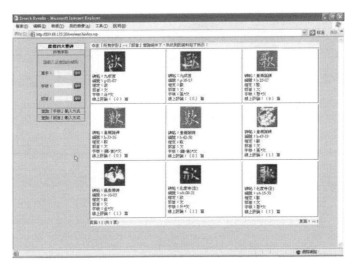

（圖8）

　　透過上面的圖示，我們可以看到歐楷四大豐碑當中，共有九個字在《康熙字典》的部首歸類中屬於「欠」部的字，分別是「欲」一次、「歐」二次、「歌」二次、「歎」二次、「欽」一次、「欣」一次。並且可以簡單的看出：「欠」旁最後一筆九次當中有五~八次寫成長點（有二~三次部分殘缺），只有一次明顯的寫成捺筆，如此的創作風格，或可視為歐楷的用筆特色之一。

　　組字式部首查詢，如以《康熙字典》的部首「勹」來看，由於系統的編碼問題，「勹」形在本系統中即使可以輸入，也無法找到正確的結果，因此我們利用組字式進行輸入，亦即在輸入處打入「句-口」[159]，所得結果如下圖所示：

---

[159] 同樣的，如果使用者不知如何查詢，可將滑鼠點選左邊的「查詢『部道』輸入方式」，便能夠一窺究竟。

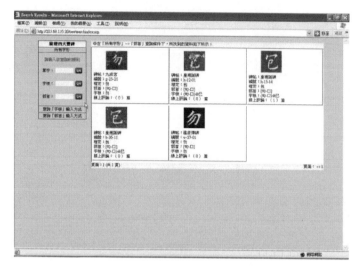

（圖 9）

根據上面的結果顯示，一共可以找到「勿」字二形、「包」字三形。其中「包」字所從的「勹」形在歐楷當中，類化成與「冖」形相同，這種現象是值得再進一步做深入的文字現象課題研究。

三、歐楷結體布局實際創作舉隅

經由上述的簡單介紹，透過本系統可以做到查詢各別單字形體而不需要再翻閱紙本的書法字典，然而這只是本系統最初步的功能，我們希望能夠透過單字的不同結體的了解，進一步進行書法布局創作。目前坊間有許多書法字帖利用集字方式來進行對聯的布局學習或條幅的創作。在此我們舉兩個例子來做說明。

（一）陳忠建先生《歐陽詢楷書集春聯（一）》對聯作品

在附表三「對聯歐楷字形對照」當中，第一欄為原書字體（所指乃為陳忠建先生《歐陽詢楷書集春聯（一）》對聯作品裡的字形），

第二欄為歐楷四大豐碑的字體，第三欄為備註（如歐楷四大豐碑中沒有，本系統則利用偏旁進行組字，將組字後的結果置於此處），透過本表相互參照，可以得知更多的異體寫法，提供創作者更多的布局與結體變化的依據。另外，「增」字不見於歐楷四大豐碑內，所以需要透過組字的方式來進行結體的創作。此外，我們例舉了陳忠建先生在《歐陽詢楷書集春聯（一）》一書中的對聯作品、本系統所創作的對聯集字作品及威鋒數位公司所製作的華康歐陽詢體三者進行並列比較，如下表二所示：

陳忠建先生對聯作品	本系統集字作品	華康歐陽詢體

(表二)

（二）鄭清和先生《歐楷唐詩（一）》作品

在附表四「唐詩歐楷字形對照」當中，第一欄為原書字體（所指乃為鄭清和先生在《歐楷唐詩（一）》條幅作品裡的字形），第二欄為歐楷四大豐碑的字體，第三欄為備註（如歐楷四大豐碑中沒有，本系統則利用偏旁進行組字，將組字後的結果置於此處），我們發現：裡頭有部分的字是歐楷四大豐碑裡所沒有的字，如「落、啼、江、楓、漁、愁、眠、姑、寒、半、鐘、到、船」等，因此，就需要使用影像處理軟體的幫忙進行組字的工作。同樣的，在此我們例舉了鄭清和先生在《歐楷唐詩（一）》一書中的條幅作品、本系統所創作的條幅集字作品及威鋒數位公司所製作的華康歐陽詢體三者進行並列比較，如下表三所示：

鄭清和先生條幅作品	本系統集字作品	華康歐陽詢體

(表三)

四、結語

當中國書法走入科技時代，書學者同時也注意到網路可以提供許多不同於以往的服務，因此有愈來愈多的書法家透過網路進行書法教學，這是十分可喜的一件事，讓書法教學與科技整合成為時代的未來走向。然而目前所見的書法教學網站，多數只是將書本的資料改置於網際網路上，這樣子的作法，只達到知識傳播的第一步，至於如何將書法知識進一步轉化成為有機的知識體，這是本歐楷字形資料庫建構的主要目的。職是之故，本系統針對使用者的需求，主要提供一個活性的歐楷電子字典，讓已有歐楷基礎的書學者多了一個歐楷知識庫，提供歐楷字形更廣泛的運用空間。

雖是如此，本文尚有一些問題並沒有加以處理，諸如在歐楷自運的過程中，有些字是資料庫中沒有出現的，如本文在「歐楷結體布局際創作舉隅」中所舉的兩個例子，有些字就不在資料庫中，此時就必須利用影像處理程式（如：Photoshop、PhotoImpact 等）進行組字的工作，然而本文只呈現組字之後的結果，並沒有將如何組字作更清楚的說明。[160]此外，在布局技巧上，也是一個十分重要的課題，然而如果置於本文，可能會模糊本文資料庫建構的焦點，所以本文也只將結果呈現出來，並沒有更深一層的分析。以上種種的過程，其實是需要更多人共同努力，有機會在短時間之內看到一部分的成果，筆者限於時間因素，其他課題有待於將來一一補足，如有所誤，敬請不吝指正。

---

[160] 說明組字方式需要另文書寫，此處加入這個課題會使文章變得十分冗長，故筆者略而不談。

附表一：「部首查詢輸入方式」組字式暨特殊偏旁一覽表

0101	[乳-孚]	0304	[宋-木]
0102	[乏-之]	0305	[序-予]
0103	[丁-一]	0306	[阿-可]
0104	[冼-冼]	0307	[邱-丘]
0105	[中-口]	0308	[狂-王]
0201	[仁-二]	0309	[廷-壬]
0202	[利-禾]	0310	[彰-章]
0203	[卻-谷]	0314	[舜-夕]
0204	[冗-几]	0315	[彗-丰-丰]
0205	[乞-乙]	0318	[卯-（卻-谷）]
0206	[句-口]	0319	[攸-（改-己）]
0208	[厄-厂]	0401	[這-言]
0209	[冉-土]	0402	[敲-高]
0210	[冰-水]	0403	[烈-列]
0211	[恙-王-心]	0406	[改-己]
0212	[企-止]	0407	[神-申]
0213	[糾-糸]	0408	[网-乂]
0214	[兀-几]	0411	[一/尢]
0215	[右-口]	0413	[采-木]
0216	[朽-木]	0416	[花-化]
0301	[怡-台]	0417	[告-口]
0302	[打-丁]	0418	[老-匕]
0303	[泳-永]	0419	[冒-目]

編號	組合
0420	[足-口]
0421	[報-幸]
0422	[炙-火]
0423	[物-勿]
0424	[青-月]
0501	[病-丙]
0502	[袖-由]
0503	[登-豆]
0504	[罵-馬]
0507	[當-田]
0510	[施-方]
0512	[泰-（秦-禾）]
0515	[即-（卻-谷）]
0516	[享-子]
0517	[官-（宋-木）]
0518	[貴-貝]
0519	[號-虎]
0605	[美-大]
0611	[號-虎]
0612	[阜-十]

編號	組合
0613	[降-（阿-可）]
0614	[珮-王]
0615	[殺-殳]
0616	[其-八]
0617	[朗-月]
0701	[輕-車]
0707	[浸-（泳-永）]
0708	[亭-丁]
0806	[碍-石]
0807	[乾-乞]
0901	[飢-几]
0904	[暇-日]
0907	[隊-（阿-可）]
1005	[瑤-王]
1006	[離-隹]
1007	[塞-土]
1105	[麼-幺]
1107	[謹-言]
1108	[難-隹]

說明：「編號」前兩位為筆畫數，末兩位為流水號。

附表二：「部首查詢輸入方式」組字式暨特殊偏旁一覽表

unicode 碼	部首查詢輸入方式	備註
丨	[中-口]	
丶	[主-王]	
丿	[乏-之]	
亅	[丁-一]	
亠	[亢-几]	
亻	人	
冂	[冉-土]	
冖	[冠-几]	
冫	[冰-水]	
刂	刀	
勹	[句-口]	
卩	[卻-谷]	
厶	ㄙ	組字式裡的「ㄙ」是注音符號「ㄙ」
夂	[夆-坐]	
宀	[宋-木]	
巛	[巢-果]	
幺	ㄠ	組字式裡的「ㄠ」是注音符號「ㄠ」
广	[序-予]	
廴	[廷-王]	
彐	[彙-（冠-几）-果]	

彡	[彰-章]	
忄	心	
扌	手	
氵	水	
攴、攵	[敲-高]	
无	[一/尢]	
灬	火	
牛	牛	
犭	犬	
疒	[病-丙]	
癶	[登-豆]	
辵	[這-言]	
阝	邑	
阝	阜	

附表三：對聯歐楷字形對照

原書字體	歐楷字體			備註
	無			161

161此字利用歐楷《化度寺碑(敦煌殘本)》中的「僧(whd-01-05)」與「地(whd-12-1
5)」字所從的偏旁或部件相合而成。

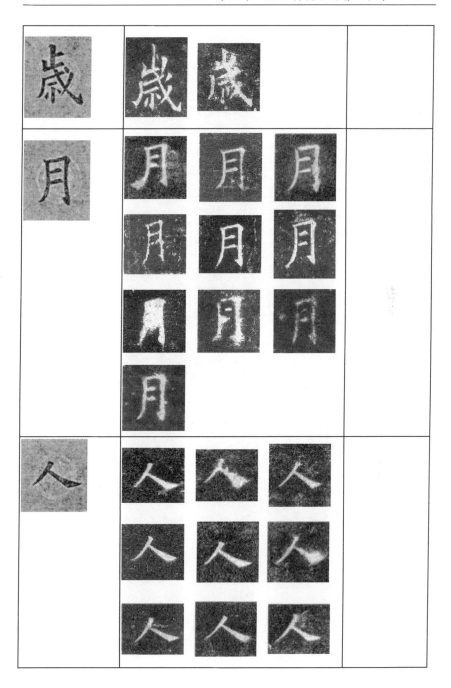

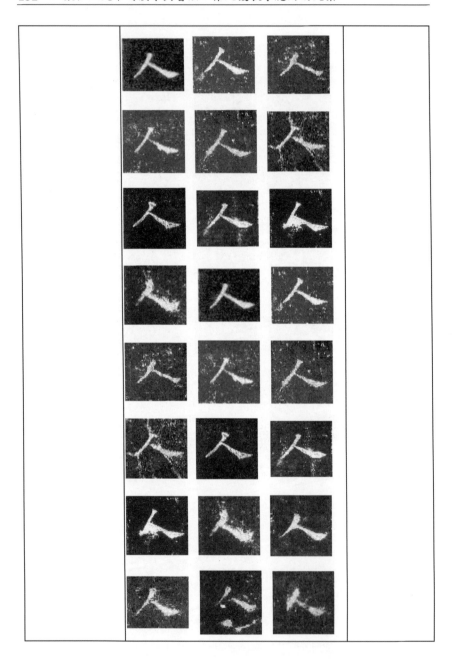

	無		162

162此字利用歐楷《化度寺碑(敦煌殘本)》中的「僧(whd-01-05)」與「地(whd-12-15)」字所從的偏旁或部件相合而成。

坤		
福		
滿	見上字例	
閭		

　　註：本表所列四大豐碑字形，乃利用本系統查詢依序複製而得，為使版面利於比較，因此並未將圖版出處標示出來，請自行參照系統查詢的結果。

附表四：唐詩歐楷字形對照

原書字體	歐楷字體		備註
月	見附表三		
落	無		落[163]
烏	烏		
啼	無		啼[164]
霜	霜	梢	
滿	見附表三		

---

[163] 此字利用歐楷〈九成宮碑〉中的「蒲(g-33-18)」字與〈皇甫誕碑〉中的「洛(h-07-32)」字所從的偏旁或部件相合而成。

[164] 此字利用歐楷〈九成宮碑〉中的「唯(g-20-30)」與「帝(g-02-11)」字所從的偏旁或部件相合而成。

天		
江	無	江 165
楓	無	楓 166

---

165 此字利用歐楷〈九成宮碑〉中的「注(g-19-02)」字與〈皇甫誕碑〉中的「虹(h-35-22)」字所從的偏旁或部件相合而成。

166 此字利用歐楷〈九成宮碑〉中的「唯(g-20-30)」與「帝(g-02-11)」字所從的偏旁或部件相合而成。

漁	無			漁 167
火				
對				
愁	無			愁 168
眠	無			眠 169
姑	無			姑 170

---

167 此字利用歐楷〈九成宮碑〉中的「棟(g-03-20)」、「風(g-05-24)」等字所從的偏旁或部件相合而成。

168 此字利用歐楷〈九成宮碑〉中的「愈(g-24-07)」與與〈皇甫誕碑〉中的「秋(h-02-20)」字所從的偏旁或部件相合而成。

169 此字利用歐楷〈皇甫誕碑〉中的「睢(h-16-12)」字與「民(h-26-21)」字所從的偏旁或部件相合而成。

170 此字利用歐楷〈九成宮碑〉中的「始(g-07-11)」與「德(g-30-09)」字所從的偏旁或部件相合而成。

蘇	蘇			
城	城	城	城	
	城	城		
外	外			
寒	無			寒[171]
山	山	山	山	
	山	山	山	
	山		山	

---

[171] 此字利用歐楷〈九成宮碑〉中的「家(g-11-25)」、「囊(g-12-13)」與「鑒(g-14-17)」字所從的偏旁或部件相合而成。

	山	山	山	
寺	寺 寺 寺	寺 寺	寺 寺	
夜	夜			
半	無			半 [172]
鐘	無			鐘 [173]

---

[172] 此字利用歐楷〈九成宮碑〉中的「十(g-11-24)」與〈化度寺碑敦煌殘本〉「判(whd-09-20)」字所從的偏旁或部件相合而成。

[173] 此字利用歐楷〈溫彥博碑〉中的「章(w-10-29)」與〈皇甫誕碑〉中的「鍾(h-07-14)」字所從的偏旁或部件相合而成。

聲			
到	無		到 [174]
客			
船	無		船 [175]

　　註：本表所列四大豐碑字形，乃利用本系統查詢依序複製而得，為使版面利於比較，因此並未將圖版出處標示出來，請自行參照系統查詢的結果。

---

[174] 此字利用歐楷〈九成宮碑〉中的「則(g-02-20)」與〈化度寺碑敦煌殘本〉「致(whd-05-06)」字所從的偏旁或部件相合而成。

[175] 此字利用歐楷〈九成宮碑〉中的「般(g-34-24)」、「始(g-07-11)」與〈皇甫誕碑〉中的「悅(h-17-10)」字所從的偏旁或部件相合而成。

第二節　科技輔具應用於書法教學

　　歐陽詢的楷書被譽為「楷書極則」，其來有自，也因此筆者進行楷書教學以其為首選，同時配合黃明理先生《唐歐陽詢九成宮醴泉銘硬筆臨寫》[176]一書，讓學習者能快速掌握歐楷結構，以求事半功倍之效。除此之外，配合科技輔具，嘗試將傳統的書法教學以不同方式與學習者互動，藉此探究書法數位教學的可行性與適用性。

壹、書法數位教學的可行性與適用性探析──以歐楷教學為例

　　在目前的教育體制之下，書法教學的內涵多依教育部所訂定的課程綱領進行規劃，於是乎九年一貫、十二年國教等架構，將書法的基礎內涵歸屬於本國語文領域裡；但是，書法亦屬於藝術的範疇中，所以在藝術與人文領域中對於書法有一定程度的關切。因為書法有其獨特性，無論被歸入國語文還是藝術領域，都有不完備之處；也因為如此，在教育體制的不得不當中，可以藉由跨科教學讓書法得以完整。[177]可惜的是，理論與實務多半會有磨合期，而書法在教學現場當中一直處在磨合期裡，尚未順利走出屬於自己的一片天。

　　那麼要如何減短磨合期？想要彰顯書法具有獨特性的學者方家都在努力著，其中一項與時俱進的方式，乃採用數位教學之法處理書法這個課題，而書法數位教學也就應運而生。這種與時俱進的教學模式之所以出現，主因是數位潮流已進入各個領域，科技融入

---

[176] 黃明理，《唐歐陽詢九成宮醴泉銘硬筆臨寫》，臺北：麇研齋出版，2007 年。

[177] 羅凡晸，〈藝術與人文、傳統與科技──書法 E 化跨科教學的可行性初探〉，「12 年國教中等藝術師資培育領綱課程設計暨示範工作坊」（主辦單位：國立臺南大學中等教育階段藝術領域教學研究中心，地點：國立東華大學壽豐校區花師教育學院，時間：2016 年 11 月 19 日。）

教學已是多年前的焦點，書法也沒有被排除在外；而數位媒體、數位科技的日趨成熟，成就了「數位教學」，也同時催生出了「書法數位教學」。它的內涵與傳統書法教學有其同異之處：相同者，皆以提升學習者的書法能力為最終目標；相異者，在於兩者使用的教學技巧有所差異。也因為教學技巧產生改變，教學者就必須了解這項改變的可行性與適用性問題，才能適度加以調整，達成應有的學習成效。以上整個過程的推進，就是一種磨合期的減少方式。

基於以上的概念與想法，本文將處理「書法數位教學的可行性與適用性探析」。在試探與分析的過程當中，將針對唐代書法大家歐陽詢楷書字體進行相關取材與論述，藉由字體的單一聚焦分析，管窺數位時代下的書法教學所面臨的衝擊、相應之道與未來展望。

一、書法數位教學的範疇界定與現狀

近年來，數位學習（E-learning）順應數位時代的來臨而大行其道，根據國家教育研究院所製作的「雙語詞彙、學術名詞暨辭書資訊網」中對於數位學習的釋義，如下所示：

> 數位學習泛指透過數位工具，如網際網路（Internet）、內部／外部網路（Intranet／Extranet；LAN／WAN）、錄音帶或錄影帶、衛星廣播、互動電視、光碟等媒體科技以傳遞內容的教學應用與學習歷程。常見以不同科技來界定各種數位學習的應用，如網路化學習（web-based learning）、電腦化學習（computer-based learning）、虛擬教室（virtual classrooms），以及數位協作（digital collaboration）。透過各種科技的輔助可克服時空的限制，諸如遠距學習（distance learning）與線上學習（online learning）等形式，提供更多學習的機會；除此之外，也可以與面授等實體課堂教學或學習活動相結合，如混成學習（blended learning），以創造更多彈

性的學習。[178]

　　根據以上定義，從其所舉例的「網路化學習」、「電腦化學習」、「遠距學習」、「線上學習」等形式來看，多數的狀況下是一種以學習者為中心的學習模式。換句話說，學習者（人）藉由網路化學習、電腦化學習、遠距學習、線上學習等模式，從「數位」（電腦）的世界裡學到想學的知識與內容。更簡單地說，人可以從電腦中學到想學的東西。根據以上的推論，「人向電腦學，電腦在教人。」或許基於這樣的邏輯，在「雙語詞彙、學術名詞暨辭書資訊網」裡，尚未出現「數位教學」的語彙。

　　另外，「雙語詞彙、學術名詞暨辭書資訊網」在「數位學習」的定義後面，進一步提到臺灣對於數位學習的重視：

　　　臺灣自 2003 年起將數位學習列為國家型計畫並大力推動，奠定國內數位學習與數位內容產業的發展基礎，並在政府單位、教育界、企業界以及民間都獲致具體的應用成果，如各級學校的學習管理平台與線上學習環境、公務人員在職進修學習網，以及企業的內部訓練網路等，都積極使用數位工具進行知識資訊的儲存、傳遞與應用，以輔助各項教學與學習活動。[179]

　　從這段論述裡，最後一句話值得我們特別留意，它提到：「使用數位工具進行知識資訊的儲存、傳遞與應用，以輔助各項教學與學習活動。」在語義的表達當中，看到了「教學」與「學習活動」可藉由「數位工具」加以「輔助」；換言之，它提出了「數位教學」

---

[178] 國家教育研究院，「雙語詞彙、學術名詞暨辭書資訊網」，網址：http://terms.naer.edu.tw/detail/1657074/。瀏覽日期：2016 年 11 月 24 日。

[179] 國家教育研究院，「雙語詞彙、學術名詞暨辭書資訊網」，網址：http://terms.naer.edu.tw/detail/1657074/。瀏覽日期：2016 年 11 月 24 日。

的基本概念。

從對於「數位學習」定義分析的抽絲剝繭，筆者對於「數位教學」的定義如下：

> 所謂「數位教學」，強調的是以數位媒材或數位方式進行教學的行為；以教學者為主，學習者為從。這樣的概念與數位學習（E-learning）或有異同，相同者在於「數位」所指涉的範疇是「數位內容」，而「教學」以教學者為主、「學習」為學習者為主。換言之，兩者的主體性並不相同，「數位教學」著重在「教學者以數位內容作為講授媒材，並運用教學手段以達成施教行為。」

（一）書法數位教學的範疇界定

關於數位教學的概念與運用，在「數位典藏與數位學習 國家型科技計畫」裡，其實已有其內涵的涵括，最明顯之處，在於這個總計畫裡便包含了「語文數位教學計畫」這個子計畫，計畫簡介提到：

> 語文數位教學計畫係整合學術能量、產業基礎與國家資源，期以發展臺灣高品質之華語文數位學習產品、優質之華語文數位學習研究、高水準之華語文數位學習專業人才為主要目標，計畫所推動的不只是語文數位教學，更是文化傳播；不只是教育，更是外交與商業能量的展現。本計畫將以現有之國家資源、產業力量和現有之語文學術研究成果為基礎，由語文數位教學分項計畫結合教育部、經濟部工業局、僑委會、國科會，一起推出「臺灣華語文數位精品」。希望藉由凝聚產、官、學、研等各界之經驗與知識，進而開發高水平華語文數位教材、建置具備精緻豐富內容之全球華文網與多功能華語文數位學習中心、同時培育具備數位教學專業能力之華

語文教師，並促使臺灣為華語文為第二語言學習基礎研究之重鎮。[180]

　　根據計畫的說明來看，它針對的是「華語文數位學習產品、優質之華語文數位學習研究、高水準之華語文數位學習專業人才」，而「華語文數位學習專業人才」最後會被培育成「具備數位教學專業能力之華語文教師」。如果從這個角度切入，「數位教學」的主體性，就筆者的認知，所指涉的應是「人」而不是「電腦」。

　　總上所言，什麼是「書法數位教學」呢？筆者的界定是：

一位老師將書法這個課程，利用數位內容進行相關的授課行為，讓學習者能夠習得書法這個課程應有的學習目標與成效。

（二）書法數位教學的現狀：以歐楷教學為例

　　針對授課者對於「書法」概念的差異，每個人所擬定的「書法學習目標與成效」其實是不太相同的。在教育體制裡，國文教師依照九年一貫、十二年國教等課綱所擬定的「書法」教學，與藝術（與人文）領域教師對於書法的教學或有同異；在教育體制外，每位書法老師（或書法家）進行教學的方法亦有差別。

　　這些教學的概念或媒材，從傳統的紙本教材或親自示範，移轉到數位世界裡，則幻化成三種形態：（一）文字；（二）圖片；（三）影音（影像、聲音、動畫）。其中文字部分，主要是進行「說明」的電子文字檔；圖片部分，則從紙張上的照片轉變為數位格式；影

---

[180] 數位典藏與數位學習 國家型科技計畫，「語文數位教學計畫」，http://teldap.tw/Introduction/introduction_2_7.html。瀏覽日期：2016 年 11 月 24 日。

音部分，則從類比格式轉變為數位格式。當傳統的書法教材轉變成各式各樣的數位格式檔，同時藉由各式各樣的數位平台，大大地提升了它的流通性。舉個例子來說，當教師在教授王羲之的〈快雪時晴帖〉時，在數位時代還沒來臨之前，只能到找出紙本的〈快雪時晴帖〉讓學習者傳閱或請學習者購買紙本字帖，爾後老師在旁說明、臨摹、示範，如有機會，可帶學習者到故宮博物院一睹〈快雪時晴帖〉的風範；當數位時代來臨，學習者只需利用自己的行動載具，打開瀏覽器輸入〈快雪時晴帖〉，便可看到各式各樣與〈快雪時晴帖〉相關的數位媒材，舉凡說明文字、清楚的字帖圖版、相關影音教學與介紹等。學習者足不出戶，幾乎便能掌握〈快雪時晴帖〉所有的資訊。

因此，時代流轉到了今日，書法的授課者應該要能掌握時代變遷，與時俱進。換句話說，要能一定程度的掌握與書法相關的數位媒材，並且充分加以運用，以收書法教學的事半功倍之效。這或許就是書法數位教學的契機之所在。

書法教學要處理的課題太多且十分繁雜，為便於行文說明，本文將針對唐代書法大家歐陽詢的楷書教學進行舉例說明。主要的理由是：楷書是目前的通行字體，而楷書的學習裡，歐楷中的〈九成宮醴泉銘〉曾被譽為「楷書極則」，它的筆法與結構充滿變化，因此可藉由歐楷一窺楷書的堂奧。由於如此，在書法的數位媒材裡，與歐楷相關的數位內容十分豐富。職是之故，本文在進行書法數位教學的現狀說明時，將以歐楷作為舉例的對象，並從「靜態的歐楷展現」、「動態的歐楷揮毫」概分成二大類；限於文章寫作篇幅，在每一類下只舉三個例子加以說明，雖有以管窺天之缺，或許還是努力踏出了些微的嘗試。

1、靜態的歐楷展現：以網站為例

（1）臺灣典範書家陳丁奇數位美術館

　　國立嘉義大學中文系在因緣俱足之中，順利推動和建置了陳丁奇數位美術館[181]，關於陳丁奇先生，認為他是「一位集書法創作、教學、理論之優長於一身的典範書家」[182]。其中陳丁奇先生留下許多與歐陽詢楷書有關的作品形式，有臨摹、有創作，作品數量豐富，可窺見其用力之勤。在網站的「作品檢索」中，如以「歐」字作為檢索詞，並限定「作品名稱」作為檢索條件，可找到 63 筆資料，其中 48 筆與歐陽詢楷書有關；如以「醴泉」作為檢索詞，並限定「作品名稱」作為檢索條件，可找到 61 筆資料。其中作品或有重疊者，或有未能蒐尋出來者[183]，但並不影響初窺陳丁奇先生的歐楷風格。以下但舉二幅作品以為示例：

圖一　陳丁奇歐楷臨書教材

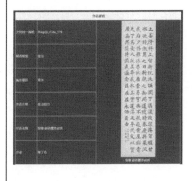

圖二　陳丁奇歐楷臨寫創作

---

[181] 國立嘉義大學中文系，「臺灣典範書家陳丁奇數位美術館」，網址：http://140.130.48.5/origin/origin.php。瀏覽日期：2016 年 11 月 24 日。

[182] 國立嘉義大學中文系，「臺灣典範書家陳丁奇數位美術館」，網址：http://140.130.48.5/origin/origin.php。瀏覽日期：2016 年 11 月 24 日。

[183] 按：由於網站分類方式的限制，無法一次蒐尋全部與歐楷有關的全部作品，筆者僅能依部分關鍵字詞加以檢索。

http://140.130.48.5/search/index.php?Art_ID=2775	http://140.130.48.5/search/index.php?Art_ID=746
作品分類：碑帖臨書教材	作品分類：書法創作

蘇友泉先生在「上善降祥」這幅作品下，作了精闢的賞析：

> 本件雖是臨寫的內容，卻能進入創作之境：如橫線在碑銘中較為平直方峻帶右高斜的筆勢，而作者的橫線在起筆之後，中間的行筆帶有弧度，收筆處則向下頓壓，產生動態之美。又節錄的碑銘中有些字殘缺不清如：凝、鏡、用、與、弗、還、溢；作者在作品中將殘缺者加以補齊，這是一般臨摹者所不及的。陳丁奇先生主張書法作品必須採用磨墨而成的新鮮墨汁，才能寫出墨韻；尤其第一、二字和最後的一、二字必須重墨，而其間的文字則強調墨色的變化，如枯筆所產生的飛白效果，才能使作品的意境提昇，達到筆墨精妙的書風。由本作品書寫內容的墨色變化，可見作者的用心，其主張更於作品之中得到印證。[184]

從蘇先生的分析中，可以發現陳丁奇先生對於歐楷除了有所承繼之外，還加入個人對於歐楷的體會，因而表現出別具特色的歐楷詮譯風格。網站當中還有更多的歐楷範例，有志者可以深入瀏覽學習。

（2）書法教學資料庫

這個網站的建置者為陳忠建先生，目前任教於新北市新莊區榮富國小。網站以 XOOPS 建置，具備了極大的靈活度與擴充性，隨著時間的日積月累，以及作者努力不懈，網站裡的書法相關教學資料與日俱增。在歐楷部分，除了有筆畫教學之外，亦包含了結構與

---

[184] 蘇友泉，「作品賞析說明」，網址：http://140.130.48.5/search/index.php?Art_ID=746。瀏覽日期：2016 年 11 月 24 日。

章法。從數位媒材的角度來看，除了有靜態的數位教材，亦有動態的影音、動畫教學[185]。網站部分截圖如下所示：

圖三　陳忠建先生「書法教學資料庫」中的「書法字帖下載」舉隅
[186]

　　以上所載為「書法字帖下載」中的第一份 WORD 檔，即「001【君不來】《方干》遠路東西欲問誰」的歐楷集字範本。作者藉由歐楷原碑字形的反白、去背等影像處理之後，再加上九宮格的結構定位，便於學習者臨帖自運；學習者如果能夠妥善運用，將具備正面的學習效果。

（３）歐楷四大豐碑

　　此為筆者自行建置的網站。主要的目的是讓學習者認識歐楷四

---

[185] 按：在此先強調「靜態」的歐楷資料，下文亦有動態歐楷的舉例說明。

[186] 陳忠建，「書法教學資料庫」中的「書法字帖下載」舉隅，網址：http://163.20.160.14/~word/modules/tad_uploader/index.php?of_cat_sn=13。瀏覽日期：2016 年 11 月 24 日。

大豐碑，並且藉由歐楷四大豐碑資料庫的建置，讓學習者能進行集字的練習，進而培養將來自運歐楷的能力。例如：使用者在「四大豐碑查詢系統」裡輸入「九」字，可以查到八筆資料，其中〈九成宮碑〉出現二次，〈皇甫誕碑〉出現二次，〈溫彥博碑〉出現二次，〈化度寺碑〉出現二次。查詢截圖如下所示：

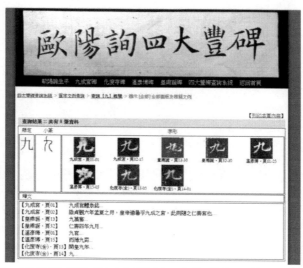

圖四　羅凡晸「歐楷四大豐碑」查詢「九」的蒐尋結果

此外，如果點選其中一張小圖，如「九成宮·頁 02-15」這個編號的字形，會出現解析度較大的圖版，如下所示：

圖五　查詢「九」【九成宮・頁 02-15】的圖版放大

　　藉由以上的查詢方式舉隅，可以看到這是一個線上歐楷字典的雛形，當學習者遇到不會寫的歐楷字形，便可彈指一按，馬上辨別歐陽詢是否曾經寫過某個字形；但是如果歐陽詢在四大豐碑中不曾寫過，就找不到資料可供立即學習。由於目前網站為測試狀態，裡頭的資料僅作為教學應用，尚未達到正式公開應具備的水準。如有未竟之處，尚祈見諒。[187]

---

[187] 羅凡最，「歐楷四大豐碑網站」（測試中），網址：http://cjbnet.org/oes。

2、動態的歐楷揮毫：以 Youtube 作為入口網站

（1）田英章 歐楷筆法（上）

圖六　Youtube 中田英章的歐楷筆法教學：橫畫截圖[188]

（2）陳忠建先生 歐陽詢基本筆法入門 01-1 橫

---

[188] 田英章，「歐楷筆法（上）」，網址：https://www.youtube.com/watch?v=e_B
AYwcDq1I&index=8&list=PLoHt0tH6sjHtwqY7hUxnM8oUYnF6POSrx。瀏覽日期：2
016 年 11 月 29 日。

圖七　Youtube 中陳忠建先生的歐楷筆法教學：橫畫截圖[189]

（3）二玄社　「書道技法講座1」改訂版

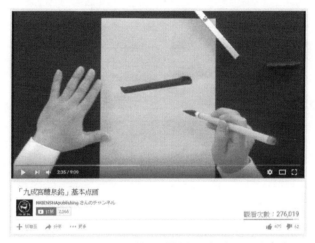

圖七　Youtube 中二玄社的歐楷筆法教學：橫畫截圖[190]

　　單就 Youtube 裡與歐楷筆畫有關的教學影音檔，為數可謂不少，在此筆者所找的教學影音，主要的取決方式是限定影音的瀏覽人數至少一萬次以上。其中田英章先生的歐楷筆法教學，在筆者瀏覽時已達 10,335 人次；陳忠建先生的歐陽詢基本筆法入門已達 113,466 人次；二玄社的書道技法講座已達 276,019 人次。如以單純的橫畫教學來看，與歐楷四大豐碑相較，如下所示：

　　如在筆者所建構的歐楷四大豐碑資料庫中進行查詢，可以看到歐楷的「一」共出現了九次的寫法，其中〈九成宮碑〉與〈溫彥博

---

[189] 陳忠建，「歐陽詢基本筆畫入門 01-1 橫」，網址：https://www.youtube.com/watch?v=XejpwQDWBbE。瀏覽日期：2016 年 11 月 29 日。

[190] 二玄社，「九成宮醴泉銘基本點畫」，網址：https://www.youtube.com/watch?v=KNyuTr9F7ks。瀏覽日期：2016 年 11 月 29 日。

碑）較為清晰，在此選擇二個放大字形提供參考：

	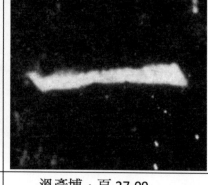
九成宮・頁 18-23	溫彥博・頁 27-09

　　如以橫畫收筆來看，以上三個影音檔的收筆外形樣貌與歐楷收筆有一定的差距。換言之，歐楷橫畫的基本特色，不同書法家的詮釋或有歧異與落差。學習者需留意這個問題，在學習的過程中一定要再觀看原碑帖的樣貌，才有機會進一步掌握歐楷獨特的書體風格。

二、書法數位教學的可行性分析

　　可行性（feasibility）的概念可運用在不同的領域當中，吳定在《公共政策》一書裡提及了七個層面：政治可行性、經濟可行性、行政可行性、法律可行性、技術可行性、時間可行性、環境可行性等，[191]據此可見，可行性是一種評估與規劃的技術。那麼，在教學場域裡能不能進行可行性分析？或者說，可行性分析有沒有它的必要性？「他山之石，可以攻錯」，在此筆者嘗試運用可行性的概念

---

[191] 吳定，《公共政策》（臺北：華視文化，1999 年），頁 211-214。

分析書法數位教學，期望藉由觀念的相互激盪探討更多的潛在可能。

（一）書法的傳統教學與數位教學

　　書法數位教學的可行性分析，第一個層面可由傳統教學與數位教學這個切入點加以分析比較。對於書法的傳統教學與數位教學，筆者以為二者相較如下：

書法教學模式 比較項目	傳統教學	數位教學
媒材交流方式	紙（印刷品）、帖、碑	投影機、桌機、平板、手機
師生交流方式	處於同一空間	不一定要處於同一空間
教師傳授方式	口頭講授書寫技巧，同時進行書寫示範；一般狀況是：學生圍繞在老師示範桌的四周，但限於觀看的角度有清楚與不清楚之別，不是每位學生都能清楚看到老師的示範過程。	可藉由攝影機、手機等錄影設備進行拍攝。隨著拍攝者的角度與技巧，而有清楚與不清楚之別。老師要一個人做好這件事有其困難之處，最好有專業攝影的輔助才能有最佳錄製效果。

學生學習方式	學生只能努力從老師為數不多的示範之中體認老師的教學技巧與重點。領悟力的高低通常影響學習成效。	學生則能藉由觀看老師的錄影示範，進行無限次數的學習。
學生人數多寡	不宜太多，適合小班教學。	當人數比較多時，比較能照顧到所有的學生。

（二）書法數位教學的技術可行性

　　經由書法的傳統教學與數位教學相互比較之中，筆者以為技術可行性可作為第二個層面的分析。當書法數位教學的技術有一定程度的成熟，它就能大大的證成書法數位教學是可以加以推（實）行。當它可以加以推（實）行時，另外的問題便是它可以推行在什麼地方？以及它如何推行？

　　就書法的學習過程來看，如果將書法的定義視為書寫的方法，那麼書法要習得的是筆法、結構、章法（布局）。

媒材設備 書法習得	傳統紙本、帖、碑	數位載具（可搭配投影機、電子白板、大尺寸互動螢幕等做多重螢幕的輸出）		
	印刷品	桌機螢幕	平板	手機
筆法	線條的表現	靜態	動態	動態	動態

		尚可	可	可	尚可
	筆畫的示範				
	筆畫的粗細大小	有時看不清楚	可以放大觀看（隨著圖片解析度 DPI 的高低與否，而有清楚、不清楚之別；至於影像也有 360P、720P、1080P、4K 的差異）。		
	運筆時手腕的運用	幾乎無法呈現（即使呈行出來也不見得有太多人看得懂，如：日本所出的一些技法作品）	多數的書法拍攝都沒有留意手腕運作對運筆的重要性，因而並不重視這個切入點		
結構的組合說明		可	可	可	可
章法（布局）的安排說明		可	可	可	可

　　根據上表，書法教學過程當中，筆法習得的傳統教學與數位教學，有著明顯的差異性。這些差異性的產生，正是數位教學當中技術可行性的表現之所在。當教學過程當中，如果能配合數位技術的運用，應可提升書法數位教學的成效。

　　經由以上第一層面與第二層面的分析比較，書法數位教學的可行與否，它的前提是：數位媒材的存在與否。當沒有數位媒材時，

當然就無法實行；只要有數位媒材的存在，就有機會進行書法數位教學。

三、書法數位教學的適用性分析

當書法數位教學存在著它的可行性，接下來便是處理適用性（Suitability）的問題。書法數位教學的適用性，具體表現在數位設備與使用者身上。現在各級學校或有書法專科教室的設置，但會隨著經費的補助與支援程度而有設備的差異。設備可概分為傳統設備與數位設備：傳統設備包含桌、椅、墊布、文房四寶等；數位設備包含軟體與硬體等。本文所探討的是書法數位教學，所以將專論數位設備對於書法教學有何具體的適用層面。

（一）數位設備的軟體與硬體

數位設備種類繁多，以下單就筆者能夠接觸與較常使用的部分進行說明。軟體部分，指的是應用程式或套裝軟體，如：螢幕畫筆 e-pointer、PPT、ZUVIO 即時反饋系統、Moodle 數位平台等；至於硬體部分，指的是具有實體外形的產品，如：E 化講桌、Notebook、ACCU 電子白板、電阻式觸控螢幕、單槍投影機、實物投影機、平板（如：iPad）、電容式觸控筆、手機等。

1、數位設備的軟體舉隅

軟體一：ZUVIO 題目分析圓餅圖	軟體二：師大 MOODLE【元課程】書法（一）課程內頁部分截圖

2、數位設備的硬體舉隅

師大國文系書法教室數位設備的部分硬體（一）	師大國文系書法教室數位設備的部分硬體（二）

　　經由以上截圖的示意，可以看到筆者平常能夠使用的數位軟、硬體大致樣貌。這些設備並非一次購足，而是多年來慢慢建置而成的。

（二）書法數位教學的設備操作

　　筆者在進行書法教學時，除了使用傳統教學法，在時間允許的

情況下，也會使用數位教學作為輔助。從筆者開始書法授課，經歷了不同設備的應用樣貌：

	硬體	軟體
1	Notebook（+桌機）+投影機（+攝影機）	Moodle、PPT
2	E 化講桌+投影機	Moodle、PPT
3	E 化講桌（+電阻式觸控螢幕）+投影機	Moodle、PPT、e-pointer
4	ACCU 電子白板+E 化講桌+投影機	Moodle、PPT、e-pointer
5	ACCU 電子白板+E 化講桌（+電阻式觸控螢幕）+投影機	Moodle、PPT、e-pointer
6	ACCU 電子白板+E 化講桌（+電阻式觸控螢幕）+投影機+實物投影機	Moodle、PPT、e-pointer
7	平板+ACCU 電子白板+E 化講桌（+電阻式觸控螢幕）+投影機+實物投影機	Moodle、PPT、e-pointer
8	觸控筆+平板+ACCU 電子白板+E 化講桌（+電阻式觸控螢幕）+投影機+實物投影機	Moodle、PPT、e-pointer、ZUVIO
9	手機+觸控筆+平板+ACCU 電子白板+E 化講桌（+電阻式觸控螢幕）+投影機+實物投影機	Moodle、PPT、e-pointer、ZUVIO

上述九個階段，是筆者進入師大國文系後所經歷的數位設備變遷，並且曾裝設於書法教室裡。

無論是那一種的數位設備，只是教學者能靈活運用，判斷 E 化

設備對於教學的支援程度，同時具備數位設備的操作能力，便存在它的適用性。換言之，教學者要具備判斷什麼場合（所）、什麼狀況，適合使用什麼樣的數位設備的能力。此外，在人力上，如果能有教學助理的設備操作輔助，則是最好不過了！

四、結語

根據以上的討論與分析，筆者以為書法數位教學，在今日已充分具備了它的可行性與適用性。只要教師操作得當，必收事半功倍之效，然而如果完全只由任課教師一人操作，書法數位教學的困難度將會提高，因為授課時間有限，教師光是操作這些數位設備就需要花費一段時間，如果能有受過訓練的教學助理從旁輔助，將大大的提升它的學習成效。

此外，筆者在這幾年的教學經驗裡，發現書法數位媒材的數量與種類雖然愈來愈多，然而它的品質不見得是好的。單就歐楷筆法教學的數位影音檔來看，影片裡的示範者雖有一定的書寫技巧，但是由於所習書的楷書類別不只一家，在筆法教學當中難免會夾雜不同風格的筆法，致使在示範時，歐楷的筆法運用不夠純粹，讓學習者對於歐楷筆畫產生誤解，這是第一個問題。其次，歐楷不同的師承，對於歐楷書寫的筆畫教學與操作方式不盡相同，書法是一種「書寫的方法」，線條表現最好能一次完成，但有些示範者不見得是用「書寫」的方式表現線條，而誤用「繪畫」的方式表現線條，觀看影片教學的學習者如果沒有足夠的辨識力，將會對其產生不良的影響。第三，書法的「書寫姿勢」不見得是單一的，寫小字有寫小字的姿勢，寫大字有寫大字的運腕、運肘甚至運臂等技巧，可惜的是目前多數的影音檔只拍攝示範者所寫出來的字，而沒有特別留意到除了手指以外的其他手部部位「姿勢」，以至於多數的學習者或許

覺得影片示範者很厲害，可以寫出漂亮的字，但是想要藉由影片自學卻總是有一定的難度，而這個難度便是在學習者無法清楚看到整個手部的運行方式以及示範者正確的解說內容。這種情況就很像學習樂器，如以鋼琴為例，要讓初學者在一秒之內用右手的五根手指彈出順暢的八度音階，必須了解手指的換位技巧，才能順利達成學習目標。而書法也是如此，是一種手部的持筆、運筆技術學習，有賴書法教學專家努力以平易近人的數位教學方式讓多數人得以藉由數位方式順利習得該有的書法技法。

工具在手，千變萬化，存乎一心，以不變應萬變，在數位時代的浪潮下，將會使書法數位教學充滿著無限的可能性。

第四章　結論

　　當人文走入數位的世界，當數位成為人文的養分，數位人文也就成為當代人文學者亟欲開拓的一片新天地。傳統的漢字與書法也是如此，在數位人文當中如何立穩腳步，繼續向前，將是未來筆者持續探索的課題。

　　本書藉由幾篇論文的舉隅說明，初步建構了數位人文中的漢字與書法。在「電腦與網路中的漢字應用」當中，分別從古文字與今文字兩個層面，探討漢字資料庫建構的意義，以及如何利用這些資料庫進行漢字學的分析與研究。在「數位科技下的書法教學」當中，則從教學角度探討書法資料庫建構的價值，以及利用各種不同的數位硬體、軟體所提供的各式科技，以求資訊科技成功融入書法教學。對於筆者來說，這些論文的心得與成果都可以歸屬於數位人文這個大領域之下。此外，筆者深深地感受到，當一旦踏入其中，就會被一股莫名的引力持續維持與它難分難捨的聯繫。舉例來說，筆者在2016年寫完〈「楚簡帛字典（清華篇）」網站的設計與建置—從嚴式隸定的角度切入〉這篇論文之後，主要處理的文本是《清華一》至《清華五》，本想暫時告個段落，然而因為這批材料不斷地公布，筆者也不知不覺補入了新材料，目前已至《清華九》[192]，《清華十》已於今年（2020年）11月正式公布，筆者也將會持續更新增資料，原因很簡單，前面已辛苦做了一段時間，新的材料出現，有機會當然也要將它補齊，要不然就會覺得少了些什麼。

　　同樣的，以歐楷字形來說，近年來公布了六件被認為是歐楷的作品，分別是：1958年公布的〈竇娘子墓誌〉（貞觀11年）、1990年代公布的〈鄧通夫人任氏墓誌〉（貞觀14年）、2008年公布

---

[192] 羅凡晸，「楚簡帛字典（清華篇）」，網址：http://cjbnet.org/qinghua/

的〈丘師墓誌〉（貞觀 15 年）、2011 年公布的〈王女節墓誌〉（貞觀 10 年）、2014 年公布的〈李譽墓誌〉（貞觀 8 年）以及 2015 年公布的〈翟天德墓誌〉（貞觀 8 年）。以上六件作品，或有論者以為不是歐陽詢所書，然而大體上將這些作品似為類歐之作亦無可厚非，從學習歐楷的歷程來說，這些碑帖有其臨摹學習的價值。換言之，筆者所做的歐楷字形資料庫也需適時地進行增補。

綜上所述，單就筆者感興趣的漢字與書法兩大領域進行論述，目前雖然只處理了些許主題，然而一旦走入數位人文中，似乎就會有做不完的材料，隨著新出資訊愈來愈多，匯集有志之士共同努力將會是更有效率的一種方式。這一切的一切，將是筆者未來需要持續努力的方向，同時正也是筆者在數位人文中漢字與書法的牽絆。

參考文獻

一、古籍

〔明〕虞山毛氏汲古閣刊印：《說文解字》（臺北：國家圖書館善本書室）

〔清〕阮元審定、盧宣旬校：《重栞宋本毛詩注疏附校勘記》（十三經注疏本）（臺北：藝文印書館，1993 年）

〔清〕段玉裁：《說文解字注》（臺北：黎明文化，1993 年）

二、專書

Hsu Chin-hsiung, "The Menzies Collection Of Shang Dynasty Oracle Bones" VOLUME I: A Catalogue, The Royal Ontario Museum, Toronto, Canada. （許進雄：《明義士收藏甲骨文集》，加拿大皇家安大略博物館出版，1972 年）

Hsu Chin-hsiung, "The Menzies Collection Of Shang Dynasty Oracle Bones" VOLUME II, The Text, The Royal Ontario Museum, Toronto, Canada in cooperation with The Chinese University of Hong Kong.（許進雄：《明義士收藏甲骨釋文集》，加拿大皇家安大略博物館出版、香港中文大學協助編校，1977 年）

中國社會科學院考古研究所編：《小屯南地甲骨（上冊）》（北京：中華書局，1980 年）

方法斂：《庫方二氏藏甲骨卜辭》（上海：商務印書館，1935 年）

方法斂：《庫方二氏藏甲骨卜辭》，收於《甲骨文研究資料彙編》

第 18 冊（北京：北京圖書館出版社，2008 年）

毛遠明：《漢魏六朝碑刻異體字典》（北京：中華書局，2014 年 5 月）

吳定：《公共政策》（臺北：華視文化，1999 年）

李宗焜：《甲骨文字編》（北京：中華書局，2012 年）

李學勤、齊文心、艾蘭：《英國所藏甲骨集（上編：下冊）》（北京：中華書局，1985 年）

季旭昇師：《《上海博物館藏戰國楚竹書（二）》讀本》（臺北：萬卷樓圖書股份有限公司，2003 年）

季旭昇師：《說文新證（上冊）》（臺北：藝文印書館，2002 年）

林尹：《景伊詩鈔》（臺北：學海出版社，1984 年）

河南省文物考古研究所編著：《新蔡葛陵楚墓》（鄭州：大象出版社，2003 年）

姚孝遂主編：《殷墟甲骨刻辭摹釋總集（下冊）》（北京：中華書局，1988 年）

胡厚宣主編：《甲骨文合集釋文（三）》（北京：中國社會科學出版社，1999 年）

容庚：《金文編》（北京：中華書局，1994 年）

馬承源主編：《上海博物館藏戰國楚竹書（一）》至《上海博物館藏戰國楚竹書（九）》，（上海：上海古籍出版社，2001~2012 年）

張光裕、黃錫全、滕壬生主編：《曾侯乙墓竹簡文字編》（臺北：藝文印書館，1997 年）

張光裕主編、袁國華合編：《包山楚簡文字編》（臺北：藝文印書館，1992 年）

張新俊、張勝波：《新蔡葛陵楚簡文字編》（成都：巴蜀書社，2

008 年）

教育部：《常用國字標準字體表》（臺北：教育部，1978 年 5 月）

曹瑋主編：《周原出土青銅器》（成都：巴蜀書社，2005 年）

曹錦炎、沈建華編著：《甲骨文校釋總集・小屯南地甲骨（卷十八）》
　　　（上海：上海辭書出版社，2006 年）

清華大學出土文獻研究與保護中心編著：《清華大學所藏戰國竹簡
　　　（壹）》（上海：中西書局，2010 年 12 月）

清華大學出土文獻研究與保護中心編著：《清華大學所藏戰國竹簡
　　　（貳）》（上海：中西書局，2011 年 12 月）

清華大學出土文獻研究與保護中心編著：《清華大學所藏戰國竹簡
　　　（叁）》（上海：中西書局，2012 年 12 月）

清華大學出土文獻研究與保護中心編著：《清華大學所藏戰國竹簡
　　　（肆）》（上海：中西書局，2013 年 12 月）

清華大學出土文獻研究與保護中心編著：《清華大學所藏戰國竹簡
　　　（伍）》（上海：中西書局，2015 年 4 月）

郭沫若：《甲骨文字研究》（北京：北京圖書館出版社，2000 年）

郭沫若主編、中國社會科學院歷史研究所編：《甲骨文合集（第十
　　　冊）》（北京：中華書局，1981 年）

陳年福：《殷墟甲骨文摹釋全編（第五卷）》（北京：線裝書局，
　　　2010 年）

陳偉等著：《楚地出土戰國簡冊[十四種]》（北京：經濟科學出版
　　　社，2009 年）

湖北省文物考古研究所：《江陵望山沙冢楚墓》（北京：文物出版
　　　社，1996 年）

黃明理，《唐歐陽詢九成宮醴泉銘硬筆臨寫》（臺北：蕙研齋出版，
　　　2007 年）

黃德寬主編：《古文字譜系疏證》（北京：商務印書館，2007 年）

趙平安：《隸變研究》（北京：河北大學出版社，1993 年 6 月）

劉中富：《干祿字書字類研究》（山東：齊魯書社，2004 年 12 月）

劉信芳：《上海博物館藏戰國楚簡孔子詩論述學》（合肥：安徽大
　　　　學出版社，2003 年）

羅凡晸：《墨緣起性：羅凡晸詩書創作展》（臺北：萬卷樓圖書有
　　　　限公司，2020 年 12 月）（展出日期：2021 年 1 月 6 日至 2
　　　　0 日，展出地點：國立臺灣藝術教育館）

羅竹風主編；漢語大詞典編輯委員會，漢語大詞典編纂處編纂：《漢
　　　　語大詞典》（上海：漢語大詞典出版社，1988-1994 年）

三、期刊及學位論文

呂佩珊：《《上海博物館藏戰國楚竹書（一－六）》通假字研究》
　　　　（臺北：國立臺灣師範大學國文系博士論文，2011 年 1 月）

林文華：〈上博楚簡考釋五則〉，《屏東教育大學學報（人文社會
　　　　類）》（第三十六期，2011 年 3 月）

姚孝遂：〈古漢字的形體結構及其發展階段〉，《古文字研究》第
　　　　四輯（北京：中華書局，1980 年）

徐少華：〈包山楚簡地名數則考釋〉，《武漢大學學報》1997 年第
　　　　4 期

陳昭容：〈釋古文字中的「羋」及从「羋」諸字〉，《中國文字》
　　　　新廿二期（臺北：藝文印書館，1997 年 7 月）

陳新雄：〈百年身世千年慮之林尹教授〉，《林尹教授逝世十週年
　　　　學術論文集》，1993 年 6 月

陳新雄：〈景伊師論律詩對做體及其實踐〉，《林尹教授逝世十週
　　　　年學術論文集》，1993 年 6 月

陳嘉凌：《《楚帛書》文字析議》（臺北：國立臺灣師範大學國文學系博士論文，2009 年）

彭軍：〈上博簡〈詩論〉「童而皆賢于其初」中「童」字考〉，《湖北師範學院學報（哲學社會科學版）》（第 32 卷第 6 期，2012 年）

曾榮汾：〈林景伊先生於當代文字整理之功〉，《紀念瑞安林尹教授百歲誕辰學術研討會論文集（上）》，臺北：文史哲出版社，2009 年 12 月

黃詣峰：《簡體字在臺灣的發展及其對中學國文教學的影響研究》，國立臺灣師範大學國文學系碩士論文，2013 年 6 月

詹鄞鑫：〈釋辛及與辛有關的幾個字〉，《中國語文》（1983 年 5 期）

劉釗：〈甲骨文字考釋〉，《古文字研究》第十九輯（北京：中華書局，1992 年）

戴麗珠：〈李漁叔教授的詩學與學術貢獻〉，《漢學研究之回顧與前瞻國際學術研討會論文集》，臺北：國立台灣師範大學國文系，2006 年

羅凡晸：《郭店楚簡異體字研究》，臺灣師範大學國文系碩士論文，2000 年 6 月（後收錄於《臺灣師大國文研究所集刊》第四十五號，2001 年 6 月）

羅凡晸，〈歐楷字形資料庫初步建構——以歐楷結體布局實際創作為例〉，第二屆「文學與資訊」學術研討會會議論文，2004 年 10 月 27 日

羅凡晸，〈試論楚簡中「童」字及從「童」之字〉，《第十屆通俗文學與雅正文學——「語言與文字」國際學術研討會論文集》，地點：國立中興大學中國文學系，舉辦單位：國立中

興大學中國文學系主辦，日本東京大學人文社會系研究科協辦，時間：2014 年 10 月 24-25 日

羅凡晸，〈「楚簡帛字典（清華篇）」網站的設計與建置——從嚴式隸定的角度切入〉，「第 2 屆古文字學青年論壇」，地點：中央研究院史語所文物陳列館 B1 演講廳，時間：2016 年 1 月 28-29 日

羅凡晸，〈藝術與人文、傳統與科技——書法 E 化跨科教學的可行性初探〉，「12 年國教中等藝術師資培育領綱課程設計暨示範工作坊」（主辦單位：國立臺南大學中等教育階段藝術領域教學研究中心，地點：國立東華大學壽豐校區花師教育學院，時間：2016 年 11 月 19 日。）

羅凡晸，〈書法數位教學的可行性與適用性探析——以歐楷教學為例〉，「第二屆國語文教材教法研討會」，地點：國立臺中教育大學求真樓 1 樓演講廳，時間：2016 年 12 月 4 日

羅凡晸，〈林尹先生《景伊詩鈔》的用字現象：從「溫」字的楷體規範過程談起〉，「2017 紀念林尹教授學術研討會」，地點：國立臺灣師範大學綜合大樓 508、509 會議室，時間：2017 年 11 月 15 日

四、網頁及電子資料庫

「新書｜《清華大學藏戰國竹簡（陸）》」，網址：http://mp.weixin.qq.com/s?__biz=MzA3MzU4NTMwNQ%3D%3D&mid=400555692&idx=2&sn=9207f51613ad5e5c568d0a961a65424e&scene=2&srcid=1111Hpoid2KicaTmSU7b4IzF&from=timeline&isappinstalled=0#wechat_redirect。瀏覽日期：2015 年 11 月 30 日。

Studio A、張炳煌，「e 筆 App」，網址：https://www.studioa.com.tw/pages/epenapp。瀏覽日期：2020 年 12 月 26 日。

TVBS 新聞網，「〈「溫」誤植少一筆　全家變姓證件失效〉」，民國 96 年（2007）6 月 24 日，網址：https://news.tvbs.com.tw/life/320226。瀏覽日期：2017 年 11 月 1 日。

二玄社，「九成宮醴泉銘基本點畫」，網址：https://www.youtube.com/watch?v=KNyuTr9F7ks。瀏覽日期：2016 年 11 月 29 日。

二南堂工作室，「二南堂法帖」，網址：https://www.bisouth.com.tw/a-1.html。瀏覽日期：2020 年 12 月 26 日。

中央研究院，「漢籍電子文獻」，網址：https://hanji.sinica.edu.tw/。瀏覽日期：2020 年 12 月 26 日。

中央研究院歷史語言研究所金文工作室，「殷周金文暨青銅器資料庫」，網址：https://app.sinica.edu.tw/bronze/qry_bronze.php。瀏覽日期：2017 年 11 月 1 日。

中央研究院，「小學堂」，網址：http://xiaoxue.iis.sinica.edu.tw/。瀏覽日期：2015 年 11 月 30 日。

中央研究院，「缺字系統」，網址：http://char.iis.sinica.edu.tw/。瀏覽日期：2015 年 11 月 30 日。

田英章，「歐楷筆法（上）」，網址：https://www.youtube.com/watch?v=e_BAYwcDq1I&index=8&list=PLoHt0tH6sjHtwqY7hUxnM8oUYnF6POSrx。瀏覽日期：2016 年 11 月 29 日。

朱紅林：〈岳麓簡《爲吏治官及黔首》分類研究（一）〉，「簡帛網」，網址：http://www.bsm.org.cn/show_article.php?id=1481）。瀏覽日期：2015 年 11 月 30 日。

武漢大學簡帛研究中心，「中國古代簡帛字形、辭例數據庫」，「簡

帛網」，網址：http://www.bsm-whu.org/zxcl/。瀏覽日期：
2015 年 11 月 30 日。

查字網，「查字網」網站，網址：http://www.chaziwang.com/show
-16174.html。瀏覽日期：2015 年 11 月 30 日。

國立嘉義大學中文系，「臺灣典範書家陳丁奇數位美術館」，網址：
http://140.130.48.5/origin/origin.php。瀏覽日期：2016 年 11
月 24 日。

國家教育研究院，「雙語詞彙、學術名詞暨辭書資訊網」，網址：
http://terms.naer.edu.tw/detail/1657074/。瀏覽日期：2016
年 11 月 24 日。

國學大師，「書法大師」，網址：http://www.sfds.cn/。瀏覽日期：
2020 年 12 月 26 日。

教育部，「教育部重編國語辭典修訂本」網站，網址：http://dict.
revised.moe.edu.tw/cbdic/index.html。瀏覽日期：2016 年 11
月 24 日。

教育部，「教育部國語辭典簡編本」網站，網址：http://dict.conci
sed.moe.edu.tw/jbdic/index.html。瀏覽日期：2016 年 11 月
24 日。

教育部，「異體字字典」，網址：https://dict.variants.moe.edu.tw/
variants/rbt/home.do。瀏覽日期：2020 年 12 月 26 日。

教育部，「異體字字典」正式五版，網址：http://dict.variants.moe.
edu.tw/main.htm。瀏覽日期：2017 年 9 月 8 日。

教育部，「異體字字典」臺灣學術網路十二版（試用版），網址：
http://dict2.variants.moe.edu.tw/variants/rbt/home.do。瀏覽
日期：2017 年 9 月 8 日。

淡江大學、張炳煌，「數位 e 筆」，網址：http://calligraphy.tku.e

du.tw/epen/super_pages.php?ID=epen1。瀏覽日期：2020 年 12 月 26 日。

陳忠建，「書法教學資料庫/書法字帖下載」，網址：http://163.2 0.160.14/~word/modules/tad_uploader/index.php?of_cat_sn =13。瀏覽日期：2016 年 11 月 24 日。

陳忠建，「書法教學資料庫」，網址：http://163.20.160.14/。瀏覽 日期：2020 年 12 月 26 日。

陳忠建，「歐陽詢基本筆畫入門 01-1 橫」，網址：https://www.yo utube.com/watch?v=XejpwQDWBbE。瀏覽日期：2016 年 11 月 29 日。

博客來網站，「漢魏六朝碑刻異體字典（上下冊）書評」，網址： http://www.books.com.tw/products/CN11144858。瀏覽日期： 2017 年 11 月 1 日。

曾榮汾：《國字標準字體研訂原則》（國語文教育叢書 22），民國 86 年（1997）三月臺灣學術網路三版，網址：http://langua ge.moe.gov.tw/001/Upload/files/SITE_CONTENT/M0001/BIAU /biauban.htm?open。瀏覽日期：2015 年 11 月 30 日。

楚字典工作小組，「單字文例查詢」，「戰國楚簡帛電子文字編」， 網址：http://cjbnet.org/drupal/。瀏覽日期：2015 年 11 月 3 0 日。

漢典，「漢典書法」，網址：http://sf.zdic.net/。瀏覽日期：2020 年 12 月 26 日。

漢典，「漢典書法」網站，網址：http://sf.zdic.net/sf/ks/0508/b11 163ccc597f2273264d699c9fac560.html。瀏覽日期：2017 年 1 1 月 1 日。

漢語網，「漢語網」網站，網址：http://www.chinesewords.org/di

ct/187649-92.html。瀏覽日期：2017 年 11 月 1 日。

臺中市北區戶政事務所，〈申請更正姓氏「温」為「溫」案〉，民
　　國 103 年 6 月 11 日，網址：http://www.hnorth.taichung.go
　　v.tw/ct.asp?xItem=272379&ctNode=11743&mp=102090。瀏
　　覽日期：2017 年 11 月 1 日。

臺中市北區戶政事務所，〈申請更正姓氏「温」為「溫」案〉，民
　　國 103 年 6 月 11 日，網址：http://www.hnorth.taichung.go
　　v.tw/ct.asp?xItem=272379&ctNode=11743&mp=102090。瀏
　　覽日期：2017 年 11 月 1 日。

臺灣大學中國文學系、中央研究院歷史語言研究所、資訊科學研究
　　所、數位文化中心共同開發，「小學堂」，網址：http://xia
　　oxue.iis.sinica.edu.tw/。瀏覽日期：2071 年 11 月 1 日。

數位典藏與數位學習 國家型科技計畫，「語文數位教學計畫」，
　　http://teldap.tw/Introduction/introduction_2_7.html。瀏覽日
　　期：2016 年 11 月 24 日。

聯合百科電子出版有限公司，「歷代書法碑帖集成」，網址：http
　　s://www.udpweb.com/products/asia/chinesecalligraphy/。瀏
　　覽日期：2020 年 12 月 26 日。

羅凡聶，「歐楷四大豐碑網站」，網址：http://cjbnet.org/oes。瀏
　　覽日期：2016 年 11 月 24 日。

蘇友泉，陳丁奇歐楷臨寫創作「上善降祥作品賞析說明」，網址：
　　http://140.130.48.5/search/index.php?Art_ID=746。瀏覽日期：
　　2016 年 11 月 24 日

語文教學叢書 1100Z01

數位人文中的漢字與書法：羅凡晸教學應用論文集

作　　者　羅凡晸

發 行 人　林慶彰
總 經 理　梁錦興
總 編 輯　張晏瑞
編 輯 所　萬卷樓圖書股份有限公司
排　　版　羅凡晸
印　　刷　維中科技有限公司
封面設計　羅凡晸

發　　行　萬卷樓圖書股份有限公司
　　臺北市羅斯福路二段 41 號 6 樓之 3
　　電話 (02)23216565
　　傳真 (02)23218698
　　電郵 SERVICE@WANJUAN.COM.TW
香港經銷　香港聯合書刊物流有限公司
　　電話 (852)21502100
　　傳真 (852)23560735

ISBN 978-986-478-437-0
2021 年 1 月初版
定價：新臺幣 320 元

如何購買本書：

1.劃撥購書，請透過以下郵政劃撥帳號：
　帳號：15624015
　戶名：萬卷樓圖書股份有限公司
2.轉帳購書，請透過以下帳戶
　合作金庫銀行　古亭分行
　戶名：萬卷樓圖書股份有限公司
　帳號：0877717092596
3.網路購書，請透過萬卷樓網站
　網址 WWW.WANJUAN.COM.TW
大量購書，請直接聯繫我們，將有專人為您服
務。客服：(02)23216565 分機 610

國家圖書館出版品預行編目(CIP)資料

數位人文中的漢字與書法：羅凡晸教學應用論文
集 / 羅凡晸著. -- 初版. -- 臺北市：萬卷樓圖書
股份有限公司, 2021.01
　　面；　公分. -- (語文教學叢書；1100Z01)
ISBN 978-986-478-437-0(平裝)
1.數位學習 2.漢語教學 3.書法教學 4.文集
　　521.53907　　　　　　　　109022320